梁瓊白——著

老後的時光要精彩

BRIGHTEN
YOUR LATER LIFE

目錄｜CONTENTS

老後的時光要精彩

第二章——情感是一生的包袱

第三章——老的路上你我他

第四章——不可不知的身後事

第五章——晚霞滿天好時光

序—精彩要自創

人要幾歲才算老？目前社會的定位是六十五歲就可以領敬老卡，也就是六十五歲就算是公認的老人了，其實心裡不服老的，多的是超過六十五歲也不認為自己應該屬於老人行列，只要身體健康、身手依然矯健、靈活，即使離開工作崗位還是可以開展另一番生活的新天地，所以老不老是心態問題。

我是七十歲退休的，比起別人的六十五歲，甚至還有人更早，我已經算晚的了，其實在我心裡從沒有過要退休的念頭，只是年齡到了，加上明顯的體力衰退和各種毛病產生的困擾，讓我不得不屈服於體力，所以只能順勢成為退休老人的一員。

退休好不好？好啊，因為少了工作壓力、不再需要承擔工作責任，有很多空閒的時間可以安排運用，可以看很多以前沒有時間細看的書，可以去以前沒有時間去的地方旅遊休憩，可以悠閒的看各種展覽、聽演講、逛街，時間足夠奢侈的揮霍，只要懂得安排，每天都可以讓自己過得豐富又多元。

不好啊，身體總有些小病痛開始浮現，不可否認在享受暮光餘暉的同時，真的需要有個好身體才能健康輕鬆的過日子，所以所謂的「老本」除了錢，更重要的是有好身體，因此保養跟保健成了退休生活中重要的功課。

想想足足有四十年的職場生涯，卻總是在忙碌、急躁中風風火火的衝鋒陷陣，如今塵埃落定，才開始學著漸漸放慢腳步，也才有時間和心情去檢視一路行來的軌跡，人只有閒了，才會去回顧前塵往事，只有心定了，才能回味曾經的酸甜苦辣，前半生過得再豐富多彩，已成過往，即使有得失也早已灰飛煙滅，無論是甚麼滋味，都不必留戀曾經的輝煌，更不用懊惱抓不住的時機，餘生有限，所以必須讓生活過得舒心，日子過得開心。

此後不念過往、不問前程，要氣定神閒地看待彈指即過的每一寸時光，從適應到接受，退休生活讓我更從容的看清自己內心對生活的計較，未來的歲月無論多長，我都會欣然以赴的過好每一天，不再草率而是精彩。

因為喜歡記錄各種所作、所為、所思、所想，所以我不會放棄寫作，只要還能動筆，就會繼續寫下去，不為共鳴，只是分享。

第1章

回首
來時路

人無法選擇自己的出生，甚麼樣的父母、甚麼樣的家世，甚麼樣的手足，一切都在我們出生的那一刻便注定此生的俗世塵緣，佛家說那是前世的因果、此生的輪迴，既然出世為人，那便要在這一生當中領受各種福報與折磨，而後的際遇要靠自己的修為去化解，無論成敗得失、坎坷或順利都只能自己去承擔，這就是命運。

人各有命，有人一生富足、順風順水，有人滿是苦難坎坷，受盡折磨，前者大家說他命好，後者自嘆運舛，殊不知一帆風順無災無難固然幸運，也有外人不知的苦，坎坷挫折或許艱辛，卻是厚植生命的養分，因為上天不會把所有好的都給你，也不會忘了讓付出的努力得到收穫，靠拚搏換得的果實，過程也許辛酸，但每一次的挫折都可以增加自己面對困難的抵抗力，每一次的打擊都能讓自己更堅強，更有定力去看待毀譽，更冷靜去處理人情世故，被守護的溫室花朵雖安逸，卻不如疾風勁草的強韌能自立自強，世上的人與事都沒有絕對的完美。

1／挫折是生命的養分

都說上帝關上了大門，必然會留一扇窗，每個人都有不足為外人道的缺憾，即便隱祕，只要最終能修成正果，便是收穫，平凡卻平安也是上天眷顧的一種方式，您可以解釋為庸庸碌碌，但如果要披荊斬棘、拚盡全力不過換得虛名薄利，那平淡平凡也是一種幸福，「平安」二字是我老了才覺悟的圭寶。

人的一生要怎麼過由不得己，會有怎樣的遭遇無法預知，一切都只能面對與接受，我不是聖人，沒有清高到對別人的成就完全不羨慕嫉妒恨，但終歸是人各有命，自己的努力與付出得不到預期的收穫，說是時運不濟也好，命裡無時終是無也罷，盡力了、無愧了就是一個交代。

社會是個競技場，生存和生活都要靠自己去爭取才有空間，您想怎麼過，得靠自己的努力和付出去換取，沒有人有義務幫助您、忍讓您、成就您，遇到好人、貴人是運氣，遇到打壓、排擠、霸凌是常態，所有辛苦未必都有等值的回報，但不勞而獲是不可能的幻想，人生不是一個圓，老天不會把好的都給您，同樣不會讓您一無所獲，所以我很感恩那些幫助過我、給過我機會的貴人，也感謝那些打壓和欺負過我的人，讓我成為更好的自己，只有堅強往前走的人，向前看、儲備好實力，才能迎戰未來的一切可能。

2／

感恩與感謝

離開學校也離開家那年，我先在外租了一間只有兩坪大的房間，作為日後開創獨自生活的住所，剛開始有一段時間因為沒有工作也沒有太多積蓄，生活非常拮据，在沒有收入的情況下，必須儉省的花用手上僅有的錢，即便如此，我還是面臨幾乎斷炊的窘境，最窮的時候每天只能買一個一元的饅頭，作為我的三餐。

我當時的房東其實經濟條件很不錯，只因為她先生經常出差不在家，為了有人作伴才把多餘的房間出租，同時請了位來自南部彰化的女傭幫她作家務和照顧小孩，然後她每天出去跟朋友喝茶、打牌，女傭的年紀只比我大兩三歲。

大約在我連吃了四五天饅頭配白開水的日子之後，有一天傍晚時她來敲我的房門，端給我一碗加有蝦米、魚皮和蛋屑的白菜，還跟我說她不小心把晚餐的菜煮多了，怕房東太太回來會罵她，要我幫她吃掉，已經好幾天沒吃過熱食的我很快就吃完了，她看到我的吃相，笑笑的又再端給我第二碗，我還是一下就吃掉，然後她才笑著把碗收走，那真是我離家之後吃過最好吃的美食。

後來我才知道那道菜的名字叫白菜滷，是台菜，我是外省孩子，在此之前沒吃過這種口味的菜，也是過了很多年後回想起來，才領會到那位名叫秀碧的女傭是在不傷我自尊的情況下編了個謊言幫助我，給了我一碗多日無法吃到的熱菜。雖然日後我已經是出過一百五十餘本食譜的烹飪老師，我吃過、做過的名菜佳餚何止上千？但是當年那碗白菜滷依然是我心目中的美食，即便以我後來的手藝，我做的白菜滷絕對比她高明好幾倍，卻做不出跟她一樣的味道，因為除了那碗菜帶來的溫飽，還有她濃濃的愛心和我永銘在心的感謝。

我後來的專業身分常被問到甚麼是美食？我的答案是：當你最需要的時候能吃到的就是美食，無關乎內容、價格。

其實秀碧完全可以不必幫我，何況以她受僱於人的身分，就算知道也大可視而不見，卻由於她的細心觀察所引發的憐憫之心，給了我幫助，即便當下只是舉手之勞，那碗白菜滷還是讓我永生難忘。

在背井離鄉的情況下，為了讓生活能繼續，我沒有選擇工作的權利，只要有工作、有收入我都會馬上接受。應徵成功的第一份工作是打字員，在那個還是靠打字機一個字一個字敲打的年代，是滿耗神又刻板的，可是我當時非常需要收入，來支撐我在外租屋及生活開銷，應徵的時候其實我的技術還不純熟，所以老闆並不想錄用我，於是我主動跟老闆說我願意前三個月只要一半的薪水，一邊學習一邊工作。後來老闆答應給我工作機會，薪水只有六百元，但我進步很快，不到一個月就跟上了和其他人一樣的速度，不過老闆還是按當初的約定給我三個月的半薪，三個月後他給我調薪了，但不是調全薪，而是從半薪開始每三個月加五十元的調。

從六百元調到九百元我總共工作了一年半，雖然那時候的生活很簡樸，也還是過得很拮据，於是只能離開這家公司，這時我的技術已經非常有效率了，所以很快找到另一家公司的工作，擔任的仍是公司眾多業務中一個小部門的打字工作，待遇改善了很多，而且加班還可以有加班費，為了多賺錢我是很喜歡加班的，當時的加班費計算是從七點到九點，一個晚上五十元。

有一次我不到九點就全部做完，所以就直接下班回家了，後來經理聽說我不到九點就提早離開，直接把我的加班單撕掉不核准請款，我不知道是誰跟他說的，其實我每次加班經常是從六點半就開始了，只因為一次早走了二十分鐘，區區五十元的加班費就被作廢，那可是我一天的生活費。

我後來從事得最久的工作是烹飪教學，那是我的興趣，但僅憑我當時的所學所知，距離專業還有距離，所以在下定決心後花了很多的時間、金錢和精力去學好這一技之長。在六零年代那個媒體還不像現在這麼發達、資訊取得還不是很方便、連電視頻道也只有三台的年代，大眾獲取訊息最大的來源是報紙和雜誌，我先以投稿方式在報紙上寫跟烹飪有關的各類短文，很幸運地，那些編輯主管們都給了我發表的機會，後來甚至成為專欄的撰稿人，最忙的時候曾經一個月同時寫八個報紙和雜誌的專欄，我不但都準時交稿，還能分開不同的主題、不同的重點去論述不同的內容，那些報章雜誌的編輯們給予的機會，是我工作資歷中重要的貴人，我用自己的專業得到他們的認可，也認真努力的用品質回報他們的信任。

不過在篇幅有限、作者眾多的年代，報紙或雜誌的專欄一般都設定在一到兩年就會換下，我運氣好，他們大都給我二年的極限讓我發揮，有些專欄還在輪換一兩年後又讓我回鍋的，如此長達二十年的歷練中，讓我培養出自己的書寫能力，甚至有一家報紙曾經讓我持續寫了十一年的專欄，此外還歷練出食譜之外的散文書寫，讓我優游於一手拿筆、一手拿菜刀的快意平生。

用實力爭取表現，用品質維持信任是我的工作態度，在還沒有手機，所有訊息的溝通只能靠電話和傳真的年代，我跟那些給我機會的主編們的聯繫都僅止於文字和聲音，有的甚至沒見過面，即使長達一兩年、甚至更長時間的合作，頂多也只見過一兩次而已，我不是千里馬，卻有幸遇到很多伯樂。

3／機會給敢要的人

我的少年時期，是任何花錢的娛樂都屬於奢侈的年代，最便宜的消遣是聽收音機和看電視，那時的電視還是黑白的，而且不是每家都有，收音機透過聲波的傳達，就能聽到各種不同內容的新聞或娛樂節目，那種只聞其聲不見其人的收聽，很能引發無限的想像空間，所以年輕的時候最嚮往的工作就是要當播音員（那時候還沒有廣播DJ這個名稱），我一直幻想著有一天自己的聲音也可以從收音機傳出來，可是當時的播音員除了音質要好，還要一口字正腔圓的國語才行，我的發音達不到標準，根本考不上，試了幾次之後只能放棄，此外，不再想當播音員的另一個原因是電視的興起和普及。

電視的螢幕雖然比電影小，但是比電影方便得多，打開就有影像、還不需花錢買票隨時都能看，儘管影像是黑白的，節目內容也非常八股，但還是比廣播有吸引力，而且很快就發展到彩色電視了，於是又興起我的第二個夢想，希望自己有一天能出現在電視上，至於怎麼出現？以甚麼形象出現？其實完全沒有具體概念。因為演戲我不會，主持不可能，加上顏值不佳，想上電視何止是夢想，簡直是妄想，於是一陣腦熱之後再度冷卻，想上電視的念頭也慢慢沒了。

沒想到夢想卻悄悄實現在中年，而且都如願以償。應該是風水輪流轉吧，因為不知道甚麼時候開始，廣播居然不再需要字正腔圓、電視也不再只有俊男美女了，而我卻憑著專業圓了廣播夢與電視夢。

四十年前我是第一個在廣播教做菜的，當時這門手藝還是以電視示範為主的年代，我居然是動口不動手用說的，第一次出現這樣的廣播還上了報紙的新聞版面，很是引起眾人觀望的心態。當時的心情已經忘了，內容說了些甚麼，現在也想不起來了，卻因為我的帶動成功的引起其他節目的跟進，後來很多廣播都一窩蜂的開出做菜的單元，大大滿足了我當廣播人的心願，有很長一段時間成為各電台的常客，不但圓了廣播夢，還意外成為我的工作項目之一。

上電視也是很偶然的機會，在當年只有老三台而且都是現場直播、沒有剪接、一切以現場演出、完全自己說自己做的情況下，我一次又一次的展現自己專業的手藝，讓製作方對我建立信心而長期錄用。不可否認，老三台時代我的長期出現，的確助長了個人的專業知名度和公信力，加上後來第四台的開放，從一個節目到另一個節目，大約有十五年的時間我出現在螢幕何止百次，同樣圓了我的電視夢。

只是當新奇感滿足後，比起廣播，我先感到無趣的反而是電視，因為不管是露面十五分鐘或半小時，都要耗費很長的時間準備和在現場等候，多年後我早已過了好奇的年紀，加上當時本身的工作已經非常忙碌，漸漸有浪費時間的感覺，曾經想過也得到過，算是圓了夢就夠了，畢竟不同年齡段有不同的想法，因此對上電視的念頭反而不再積極。

上廣播和上電視都是我曾經的夢想，其實以當時的條件我是根本不可能有機會的，可是後來居然都能如願，那是心裡存在的願望不甘放棄，台語有句諺語說「戲棚站久了就是你的」，只要有念頭、只要敢想、敢要，就一定會有機會。

就在寫這本書的時候，我還意外獲得錄製有聲書的機會，讓我這把年紀再一次站上舞台去體驗不同領域的另一番挑戰，誰說只能夢想不要妄想？機會一定是留給敢要的人，機緣也絕對會給予隨時接招、不放棄機會的人。

4／魄力與能力的拉鋸

忙碌的日子總是過得特別快，從青澀少年走過中年、再進入壯年，一路矇頭直衝的奮戰，從無到有的拚搏，賺取到的虛名薄利都是辛苦的收穫，當時如果就此持盈保泰、心無旁騖，也許我後來的生涯規劃可以減少很多困擾，可是我太相信自己的能力了，認為如果想做的事不敢做、或不去做，我是不甘心的，我的理念是：不做怎麼知道自己行不行？不試怎麼知道成功或失敗？所以我才膽敢在四十五歲的時候開公司，於是從此又是另一段艱辛的開始。

在我三十歲到四十五歲之間，有幸趕上了台灣出版業最輝煌興旺的年代，所有紙本出版品都是市場銷售力最強旺的商機，只要內容和主題能被出版，都很容易成為暢銷書。

我作的食譜書雖然是常識面高於知識面的圖文書，但在當時資訊還不夠普及，專業技術還屬於隱私的狀態下，我願意把一些祕訣性的關鍵技巧用文字陳述在每一本食譜中，在當時也算是創舉，因為在我之前坊間的食譜都只是很簡單的敘述，圖片再吸引人，看了還是做不出來或是做得不好，因此我幸運的成為受歡迎的暢銷書作者，也因此成為各路出版社爭取的合作對象。

豐碩的版稅雖然讓我得意於因為用心而得到的收穫，但一段時日後我出版的書越多，自己越不滿意那些缺乏質感的包裝，雖然內容還是一本初衷的用心，每張圖片也是各種費心的實作拍攝，但是後製過程的粗糙，讓我覺得賣到市面的只是急於換錢的商品，而不是賞心悅目、可以長久保存的作品，這讓我很氣餒，覺得自己的用心沒有被善待，自己的求好變成挑剔，這才有了後來自己創業的動機。

我必須承認我是膽大卻不夠心細、圓融卻不夠周到的人，憑著一念之間的衝勁，邊摸索邊學習的創業，付出的心力和體力遠比當作者巨大許多，過程中遇到的挫折更是意料之外，雖然「欲戴其冠，必承其重」的心理準備我是有的，但實際上遇到的問題遠遠超過我的想像。好在一路行來我都是風裡來雨裡去慣了，一棵在爛泥中也能生存的小草，從來不是只在溫室成長、備受呵護的花朵，所以只要能站起來就不會輕易倒下，只要不死，趴著也能活，靠著自信的魄力，一步步走向驗證能力的步道。

我的創業之路雖然跌跌撞撞，但在當時的商機還是全盛時期的環境下，我還是如願的做到了自己想要的品質，並且能完全自主的進行我想達成的每一程目標，雖然辛苦仍有收穫，當時還是會為自己的果斷感到安慰與自豪，想做的做了，而且也做到了，不論結果如何都有不枉此生的快感。

可惜出版業的榮景隨著電腦的普及、網路的興起而在靜靜的消退中，加上自己長期求好心切、疲於奔命的工作方式，讓健康出現了警訊，先是甲狀腺亢進、後來又得了乳癌，不巧的是當時丈夫也得了重病，而孩子還在就學中，如此家庭與工作的壓力，逐漸把自己逼成兩頭燒的蠟燭，雖然在病痛之前，我沒有輸給毅力，卻敗給了體力，能讓強者屈服的永遠是無法抗拒又無力終止的病魔。

一場大病送走了丈夫，也打斷了我還想往上、往前的腳步，不算短的癌症治療時間，漸漸有心力交瘁的挫折感，也開始改變規劃、靜心反省，當下想的不只是自己的何去何從，而是還有更多的共事者如何安置，我一直都是除了自己承擔之外完全沒有外援的，所以我不能就此罷手，甚至我只能、而且必須站起來，一場風暴，讓我軟弱的是癌症，讓我堅強的是責任。

5／風雨過後的陽光

經過辛苦又痛苦的癌症療程後，身體在慢慢康復中，我的生活也漸漸恢復正常，如此我又挺過之後又十年的營運，走過生命中的暴風雨，不管過程是多麼狼狽，過後還能再度見到展現的陽光是幸運的，雖然這陽光對我而言只是晚霞滿天的夕陽，而在來回拉鋸的拚搏中我還是老了，能讓英雄屈服的除了病魔就是年紀，我終究還是得敗給歲月。

公司總共經營了二十三年後結束，清理之後沒有賠錢也沒賺到大錢，只是這麼多年的開銷平衡而已。在這場因一念之間興起的博弈中熱鬧的進出了一回，賺到的是這麼多年的歷練，見識到不同領域的人、事、物，豐富了自己的眼界，領教了斡旋周轉中的曲折，認識商場上的敵人和朋友、辨識利益當前的君子和小人、往來過招中的虛偽與真假，如果我沒有參與過其中，就看不到這些反映人性的方方面面，如果當年我只安於現實賺取眼前的名利，我就領悟不到人生這麼多面向的高低起伏，這些都是經驗換取的代價，還是值得的。

一場經營能夠做到全身而退，不欠錢不欠情，對我而言也算圓滿了，雖然不是爛攤，但因為沒有子女願意接手，而且交給他們未必明智，那麼結束就是我認為最好的決定，曾經擁有未必要永久持有，事業只是我人生路上一站不同的風景。

我做事一向果決，但不衝動，做之前，如果衡量過各種後果，也承擔得起最壞的打算，就義無反顧地去做，一旦決定不做了就壯士斷腕的結束。人生的路很長、走法也很多，像我這種在成敗輪迴中成長的人，把我放在任何一條路上，我都能走出不同的風景。

只是隨著年齡段的不同，看待人事物的心境也會隨之改變，畢竟不同立場有不同的考量，不同的角度有不同的解讀。我從鄉下人走到與城市人平起平坐的領域，又從受僱者做到老闆，四十年的職場生涯，曾經三餐不繼、也曾有過一飯千金，穿過粗衣布衫、也用過全身名牌，心得是窮沒那麼難過，富也不過爾爾，沉澱的是人間清醒。

第2章

情感是一生的包袱

親情、愛情、友情，都是人這一生的牽連，無論情深緣淺、還是情淺緣深，不過是比例不同而已，各種緣起緣滅都有走過的痕跡，至於是善緣還是惡緣，就看您如何看待自己的內心了。

每一段情感都有付出的溫度，卻未必都有等值的對待，辜負是無語的斷傷，無須自責，但要記得回收，讓多情止損，時間會讓熱情冷靜，也會讓傷口結痂，唯有自己能療癒、撫慰。

無論甚麼樣的感情，只要是用真誠去付出的都不要後悔、懊惱，瞬間即永恆也是對自己負責，記住當時、當下的感動就好。

任何一段情都沒有對錯，只有適不適合，繼續或終止，接受或拒絕，只是立場不同、角度不同的體悟而已。

世上沒有永恆的情感，更沒有不變的愛，無論親情、愛情、還是友情。

1／愛情 婚姻 兩回事

婚姻的組成有各種形式，老式的婚姻不一定起源於相愛，也可以從一而終、白頭偕老、不離不棄，在傳統教條的框架下，哪怕婚姻中沒有交集，也會遵守的走完。

新世代的婚姻認為愛才是婚姻的基礎，其實在婚姻中愛不過是薄弱的存在。

父母之命或媒妁之言的結合，會在婚前的比對中成為匹配的基礎，雖然只是適合而已，而經由戀愛的結合，只能靠兩人的磨合去感悟，然後各盡其責的為自己的選擇買單。

這世界並不存在「如果」，想愛的人，想談的情，想把握的時光，錯過便是錯過了，對的時間遇到錯的人和錯的時間遇到對的人，都無法重來，存在或不存在的遺憾只能自己慢慢品，或許得到未必是福，失去也未必是至痛。

愛情像煙花，絢爛又多彩，但瞬間綻放之後，最終還是會熄滅成灰燼，觸動點不過是出自喜歡引發的愛，也許只在當下，所以不必非要天長地久，即使真的愛過，也只須停格在最美好的那一刻，讓它成為永恆的印象即可。

轟轟烈烈的愛像夏日的驟雨，即使濕透也暢快淋漓，年輕是籌碼，可以義無反顧的為青春噴灑，去攫取心儀的情，如果遇到了就放手去愛，遇不到就收起寂寞的心。

世上沒有那麼多夢幻的偶遇，所以不要幻想自己是那個幸運兒，平凡人就用平凡的愛去締建美好，任何男人女人在愛情中的過招，都只是自以為的賭注，沒有真正的贏家。

談愛可以義無反顧，可以不負青春不負卿，但是結婚需要冷靜，更需要理智，因為進入婚姻便是歸於平淡的開始，無論是男人還是女人，婚姻中面對的不再只是您愛的那個人，還有她（他）的家人，您可以不在乎外人，但是家人不可能完全切割，生活中任何一點星火，都可能成為爆裂的導火線，長時間的不合，只會是長久的不安，當激情平靜、炙熱冷卻，愛的間距也就漸行漸遠了。

所有的愛都會隨著婚齡稀釋，最後存在的只是責任與義務，條件不對等的結合就是悲劇的伏筆，最後不是妥協便是斷絕。有多少在婚前許諾的誓言，就有多少在婚後變質的謊言，比起販夫走卒對婚姻的粗糙，更多高知識分子、名人、文人、王子公主的婚姻真相同樣不堪，這就是婚姻。愛不是天長地久，而是有保鮮期的生鮮品，只能在最好的時間點品嘗到才是美味，過期了、變質了，只能丟棄、惋惜。

所有曾經愛過的情都不需後悔，即使最後發現不過是自己錯誤的認知，也無須懊惱曾經投入過的熱情，遇到了就轟轟烈烈的愛一場，不須海枯石爛、地老天荒，世間沒有永恆不變的情，更沒有絕對完美的愛，所以不要懊惱。無論生離或死別、婚與不婚、幸與不幸，都是來紅塵一遭的歷練，個中滋味如人飲水，無所謂好與不好、值不值得，不同的功課各自修行，最終都是一人的歸途，雖然遇不到或錯過的情，都是心底的遺憾。

●接納與容忍都是修行

熟人中有一對三人行的夫妻，男人很自豪能搞定妻子與小三，而且共同生活，即使同進同出也相安無事。他自己是收入頗豐的醫生，也在坊間擁有高知名度，聽說小三的學歷還高於正宮，容貌也比元配端正，為甚麼甘於做小，男人又用甚麼手段讓元配接納不得而知，我也是在一次相處機會中聽正宮告知，才知道原以為的醫生助理是小三，有趣的是她一面表現得寬容大度，一面卻逢人暗示小三的插足，男人則是除了妻妾之外，還偶而爆些花邊誹聞，不知是炫耀自己的魅力，還是撫慰那張並不英俊也不瀟灑的容貌，然後正宮每次又都出來展現賢良淑德的風範，相較之下她的心態比插足的小三更卑劣。

有小三的男人何其多，大多是隱瞞處理或是另外安頓，此人這麼明目張膽的與他們共處一室，無非是想突顯他的治家有方吧。

小三在錯的時間遇到以為是對的人，註定就是悲劇的纏鬥，即使到老覺悟，也必然是她此生的悲涼。

年輕的時候我因為工作忙，僱過一位保姆幫我照顧放學回家的孩子，她的住家離我家不遠，家裡開美容院，她丈夫是老闆，但老闆娘是小三，她在家除了在後屋整理家務，不准進到前面有客人的地方，只要小三對她不滿，她丈夫就會家暴她，聽她說她的主臥住的是丈夫和小三，她只能跟小孩擠在小房間的通鋪。我問她為甚麼不離婚帶孩子搬出去，她的理由是孩子還小，自己賺的錢養不起，搬出去沒地方住，她認為只要她忍耐，孩子就還有個完整的家。

女人的忍讓始終是對男人的姑息，一再的退縮只會讓對方有恃無恐地行為加劇，寧願當附屬品的小三和打不跑的棄婦都是婚姻關係中不應存在的腫瘤，即使共存，終歸是會致命的傷痛，可是除了自省自覺，旁人說甚麼、做甚麼都是徒勞無功的。

其實這種妻妾共夫的關係在老一輩的富商名人中並不少見，不管基於甚麼理由，不甘於一夫一妻的男人，自有吸引紅顏知己的手段，外遇在任何時代都是存在而且永不會消失的惡行。從古至今，無論在東方或西方，社會對男人外遇的寬容都始終不同於女人，只是表現的方式不同罷了。

男人外遇是風流，只是犯了男人都會犯的錯誤而已，徐志摩、郁達夫、魯迅這些文人不管多卑劣，事後依然是倜儻的才子，有更多諒解他們不得已的文章替他們洗白，但若是女人外遇，各種不堪的辱罵撻伐便足以讓她萬劫不復，男人和女人在感情道德的天秤下，是永遠不存在公平的。

●老伴是今生的善緣

都說少年夫妻老來伴，其實婚姻的路很長，相處的點滴並不是心想就能如願，生老病死都是可能出現的意外，能否偕老更是未知數，兩人的情意是否如初也備受考驗，無論是好男人對上壞女人，還是好女人對上壞男人，婚姻都是一場劫，渡不渡得過，是命也是運，而好男人或好女人從來不是以容貌、學識、社經地位、或家世可以衡量，重要的在這場遊戲中他（她）願意付出多少真誠？

男人愛不愛妳不是看他賺多少，而是看他願意給妳多少，當妳需要他的時候，他能為妳付出多少、為妳承擔多少？嘴上的愛不值錢，風花雪月的浪漫只是橋段，女人需要的愛不能靠撒嬌或撒潑去要，無論是同甘共苦、胼手胝足，還是合力打拚、漸入佳境，兩個人的共同付出才是愛的核心價值。

從年輕到老，無論是容貌的改變還是體能的變化，能互相包容、共同體諒，已然修得此生同船渡，若能成功上岸，那才是成就彼此的良緣，所以老來伴是難得的、也是珍貴的。

在菜場一個轉角的地方，有一個我常去買菜的菜攤，攤主是一對中年夫妻，每天早上他們一起從大菜場批貨來這個小菜場賣，聽說都是四五點就出門，六七點左右回到小菜場，他們將批來的菜分開種類排放在攤位上，將一些需要去除老葉、外殼、或削除頭尾的菜整理出來，如果客人出現得早，可能一開市就忙個不停，每次看到他們都是趁空抓起飯糰或麵包當早餐，有一次我看到老闆幫客人送菜回來的時候，端了一碗熱騰騰的麵遞給他老婆，用台語說：「趁燒緊呷！」老婆說：「你吃啊。」老闆說他有吃飯糰了，還說喝點熱湯比較不冷，然後老闆接手前面的銷售，老闆娘就退到後面去吃那碗麵。後來我又陸續看過幾次類似的場景，時間剛好都是冬天，吃的東西不一定是麵，有時是其他口味的食物，老闆的口氣很平淡，動作也很平常，就只是遞給他老婆而已，但是可以看出這個男人對老婆是關心的，一碗熱湯麵在寒冷的天氣裡，吃到的何止是溫暖。

為了整修住家後面陽台的地板、和拆掉原來的隔板改成砌磚，便聯絡了幾家泥水師傅來估價。因為工程不大，比較之後請到的泥水師傅是一對夫妻檔，兩人的年齡都在六十歲左右，聽他們說這行已經做了快三十年了，看來是從年輕就做到老的。

每次當先生把水泥拌好，太太就負責遞磚塊或用勺子把舀好的水泥遞過去，兩個人默契很好，幾乎只要一方發出一個聲音或一個動作，對方就知道要做甚麼，但每次要搬重物的時候都是男的去搬，他太太想幫忙，他都說：「走開一點別撞到，我來就好。」工程期間，太太真的只是助手而已，午休的時候他們坐在磚塊上，太太幫他把飯盒打開，也會幫他倒水，都是很平常的動作，工程做了十天左右，他們的互動也一直都這樣。

有時在看他們工作的時候，我偶而會跟他們聊天，知道他們有兩個女兒一個兒子，一個女兒已經在銀行工作，一個在中學教書，兒子還在念大學，也快畢業了，而且念的是公立大學的法律系，都很優秀，我說小孩都能賺錢你們可以輕鬆不用這麼累了，他們的回答是能做還是要做，兒子還小、女兒將來也要嫁人，小孩能賺是小孩的，他們不能靠小孩。是一對很理智的父母。

我接觸過一些屬於勞工階層的人，他們的工作也許都比較辛苦，身分也卑微，可能因為沒有高學歷，所以沒能有更輕鬆的高收入，他們之間的相處很平淡、生活得很平凡，但是他們願意安貧樂道的生活，認真認分的用勞力換取酬勞去滋養一個家。

能彼此體諒、互相扶持的婚姻是值得敬佩的，也相信他們一直到老都會這樣對待另一半，將來即使不是挽手同行，即便只是佝僂相隨，那背影也是讓人動容的畫面。

女人，其實要的不多，只需一點點真誠的愛與關懷，就能用她的一生去灌注整個家的天長地久。

現在的婚姻比較現實，也可以說是務實，婚前衡量的是對方的條件能給自己多少保障，婚後計較誰的付出比較多，因為誰都不願意委屈、遷就，結婚的理由也許只需要一個，那就是「愛」，離婚的理由也可以只是一個「不愛」，這樣的覺醒其實不算壞事，只是對婚姻的信任感薄弱了，白頭偕老漸漸成為傳說中的名詞。

●第二春好嗎？

婚姻不能偕老的原因除了離婚就是喪偶，婚姻路上的生離或死別都是不得善終的痛，喪偶的另一半，因各種原因的死亡而離開，只能留下回憶，曾經有過的美好打包成為懷念，同樣已成過往的情感，因死亡而結束帶來的解脫，同樣需要時間讓傷口結疤，沉澱之後，接下來無論是獨行還是另尋第二春，都是另一頁新的篇章。

離婚在現代已經不是婚姻的瑕疵，無論出自何種理由，都是對自己餘生的抉擇。曾經為夫妻的彼此，一旦有人不願再容忍、遷就，就是愛情已經不存在的宣示，雙方願意理智分手，未嘗不是給彼此留下的體面，離婚的理由沒有誰對誰錯，離婚更不需要背負道德的罪惡感，如果不喜歡、不願意、不想要了，守著沒有內容的婚姻是互相的凌遲，那麼離婚也是彼此的救贖，至於離婚之後，無論是男人或女人，對自己的餘生要不要再找尋新的伴侶來繼續未來的人生旅途，也是見仁見智的抉擇。

一位與我同齡的朋友，在丈夫病逝後的第三年透過聯誼活動再婚了。她年輕時在職場順風順水的發揮，工作能力和賺錢能力都很強，卻覺得自己的婚姻始終磕磕碰碰，原因是丈夫很大男人主義，事業和家庭都沒有給過她任何助力，使她必須家庭事業兩頭兼顧，婆家又是傳統的本省家庭，讓她在家必須收起職場的幹練而唯唯諾諾，生兒育女、幫夫持家她都做到了，讓婆家對她找不到理由挑剔，可是她知道這不是她心目中的婚姻，丈夫離世時她已經六十五歲，兒女也已長大而且成家，她終於可以脫離這個婚姻、也脫離責任與束縛。

她離開了職場，開始過她想過的生活，她畫畫、旅遊、參加各種活動，當我以為這就是她後半生的生活覺醒時，忽然聽說她要再婚了，而且距離丈夫離開不過三年多的時間，常理認為過去這麼不順心的婚姻怎麼還有勇氣再試一次？有過那麼自私的男人為甚麼還要再賭一次？可是她不這麼想，她說：我現在還不到七十歲，如果我能活到九十歲還有二十幾年，就算活到八十歲也還有十幾年，我難道要在過去的失敗裡繼續守寡？我為甚麼不選擇自己想要的人、過自己想要的生活？

於是她透過類似相親的方式認識了結婚對象，在此之前她相親了不下二十個也是想再婚的男士，但是曾經的職場經驗和過去婚姻的心得，讓她有自己的要求和評選的標準，從儀表、性情、財務、體能、健康，到對方前一段婚姻的狀況和子女問題都比對得清清楚楚，自己開誠佈公也要求對方坦白交代，如此縝密謹慎的篩選算是夠冷靜的。

經過一年的相處、和類似試婚的過程後，兩人舉辦了簡單的婚禮，等於昭告親友正式承認彼此的身分，聽說婚前兩人還辦理了個別財產登記，看似稱斤論兩、理智得毫無溫度的二婚，其實是在愛慕不盲目的婚姻裡保障了彼此的裡子與面子，難得對方也願意配合，也算撫慰了第一段婚姻的不足與失望。

但是，條件可以設定，情感還是會浮動的，尤其個性和脾氣如果已經生成便早已根深蒂固，可以壓抑或變通，但不可能因為換了跟另一個人生活或是想塑造一個新形象就會完全改頭換面，男女都一樣，強勢的依舊強勢，固執的仍然固執，婚姻中會發生的齟齬與摩擦，不會因為重新來過就不存在或消失，再婚也跟頭婚一樣需要磨合。

摒除了大原則，無法根治的小問題仍然存在，從做事拖延不積極、生活邋塌不整潔、遇事暴跳大嗓門、生活節奏不同調，所有生活中的大小事會發生的還是發生、會存在的不會消失，各自前一段婚姻出現過、遇到過的問題同樣會再度出現在生活中，考驗的是要不要為對方讓步？是要繼續磨合還是再一次揮袖斷腕？畢竟人無完人，婚姻最終都是人間煙火，不是幻想藍圖。

熟人中，一位如今年紀已經五十出頭的朋友，結婚和生育的年齡都很早，大學畢業剛過兩三年班就結婚了，卻在孩子上幼兒園不久就因為丈夫外遇而離婚。她因為連生兩胎而留在家帶孩子，離婚後要重回職場變得困難，前夫沒有給她贍養費，娘家也沒有能力在經濟上協助她，她自己沒有專長，只能做些薪資不高的工作。

後來在飯店工作的時候認識了擔任廚師的男友，對方沒有結過婚，主廚的收入還算高，重要的是願意接納她和兩個女兒，考慮到自己負擔孩子漸漸長大的費用有點吃力，於是考慮再婚，沒想到婚後才發現二婚丈夫不但喜歡喝酒、賭博還有暴力傾向，賭輸了或喝醉了的時候就會辱罵她和女兒，剛開始還忍耐了幾年，後來越過越覺得這樣的生活品質比起前一段更不堪，於是再一次受到家暴後還是決定離婚。

兩段痛苦的婚姻將她的前半生毀傷殆盡，離婚後她帶著女兒回到南部娘家的城市重新生活，四十幾歲的年紀已經是職場的弱勢，找不到上班的工作，就在菜場從擺攤賣衣服開始做起，守著女兒長大的日子，踏著兩段婚姻的血淚匍匐著在艱苦中拚搏，幸好老天還是眷顧她的，辛苦了幾年她在女兒考上大學後又回到北部，並且在服裝批發市場做出一番成績，再見她的時候已然是略為發福的中年婦女，開始出現鬢白的臉上充滿了自信與堅定，相信她未來的日子會充滿陽光與希望。

女人再婚的動機，除了感情的寄託，更多是經濟的依賴，孰不知這兩項正是離婚女人最脆弱的軟肋，感情不能獨立，就沒有尊嚴可言，經濟不能自主，人格就不能獨立，如果兩樣都沒有籌碼，無非是把自己放在賭注的輪盤上碰運氣，頭婚尚且如此，再婚的風險更大。

那位高齡再婚的朋友之所以敢試，那是她知道自己要的是甚麼，而且她有財力不被拿捏的底氣，任何情況下，錢都是女人自保的護身符，愛會背叛、但是錢不會，年輕人談到錢都覺得市儈、現實、俗氣，是對愛情的玷汙，這種不撞南牆不覺悟的信心，只能祝福她運氣好。

任何年紀的再婚都有前段婚姻的陰影，無論哪一方有孩子或是雙方都有孩子都是問題的存在，後爸後媽都難為，比起單身的再婚更需要考慮他們之後的各種問題，如果還有經濟上的壓力，二婚之路需要更多的勇氣，如果都做好心理準備，願意承擔可能的困難，那就再試一次，也是給自己機會。

當然也有美滿幸福的二婚夫妻，只要雙方的結合不是出自外遇，無論是喪偶還是離婚，男人或女人都有再度追求幸福的權利，記取前段的錯誤，珍惜重來的春天，仍然值得祝福，讓彼此在以後的歲月彌補之前的不完美，讓前半段的殘缺重塑人生後半段的另一個圓。

●另一半是伴侶、家屬、還是室友？

老式的婚姻締造了很多因此認命而將就一生的平凡夫妻，也有因抗拒而衍生的各種變調，通常知識水平越高、見識越廣的，自主性越強，叛逆性越大，最後成為愛情的悲劇、演繹出婚姻的荒謬。

有幸兩情相悅的結合，日子過著過著也會在柴米油鹽的煙燻火燎中消磨掉浪漫、腐蝕掉愛情，靠著認同維持家的存在，用共識守候雖不完美但願意成全的彼此，想當神仙眷侶先做柴米夫妻，風花雪月你儂我儂是影視劇的橋段、小說中的劇情，生活中只有平凡的日常。

婚姻中最重要的價值是包容，最致命的利器是比較、最具殺傷力的是言語傷害。

有一次幾對夫妻朋友一起吃飯，我們都是認識多年的朋友，其中一位先生原是單位的高級主管，但是六十歲就退休了，理由是工作壓力太大，算著退休後領的錢只比上班少一點，樂得提早輕鬆過他種花、養鳥、登山運動、隨時可以跟朋友吃飯聚會的生活，但是太太看到當初跟她先生同等級的人硬是撐到屆齡才退，還又升等兩級，俸祿和職位都比原來更高，導致他太太時不時就說他不知道這麼早退幹甚麼，即使在眾人之前也要損幾句，說他只想每天躺平與世無爭，那個大肚腩就是他的成就。

她的先生不以為意的笑笑說，大肚腩有甚麼不好，心寬才能體胖啊，錢夠用就好，日子輕鬆沒有壓力才好，他太太一副不以為然的表情又撇嘴又搖頭的說，你怎麼不講是混吃等死？這話出口有點重，差點場面尷尬，另一位先生馬上接口說我們都是混吃等死啊，難道還要努力選總統？然後馬上把話題引開，本來兩人平常就習慣調侃互虧，但仍可看見她先生臉上閃過一絲不悅。然而在過程中她仍時不時爆出金句去消遣男人，包括平常生活的一些動作和行為，分開的時候先生說：今天很開心，就是賤內話有點多，老是掀家醜大家別見笑蛤，本可哈哈一笑打住的，偏偏他太太還要來一句：你才賤咧！

這樣的對話本是他們夫妻習以為常的鬥嘴，但眾人之前有沒有殺傷力只有他們自己才知道了，雖然如此，兩人也過了大半輩子，老夫老妻的生活到最後都只是共同生活的室友、重要簽字時的家屬，依然是此生的伴侶。

一輩子長還是一段婚姻長？看您要的是甚麼樣的生活品質，在許下婚姻承諾的當下，誰都曾經憧憬未來的美好，事實上一段婚姻包含的條件不是只有愛情而已，兩個來自不同家庭的人要共同生活一輩子，彼此要配合、遷就、容忍的不只是生活習慣、價值觀而已，所有可能產生的齟齬、摩擦，也不是只憑著「愛」或忍讓，就能完全包容的。

如果不能改變對方與自己契合，長時間的遷就，久了難免疲憊，之所以還願意過下去，每個人的考量不同，要不要為婚姻妥協，每個人的比重不同，一旦決定離婚，按傳統評價都是不被原諒的，何況還要承擔對孩子失職的歉疚、日後生活的維持、還有世俗的壓力，要放下這一切顧忌，不只需要勇氣，還要靠運氣。

現在的女人都很自覺，也勇於選擇，如今的社會看待離婚也比較寬容，讓離婚不再是罪惡，因此才有人覺得與其將就得過且過，不如讓有限的生命多些自主。

中國人總是勸和不勸離，但如果婚姻到了連容忍都困難的地步，還勉強湊合的意義又何在？精神上的凌遲有時更甚於生活可能遇到的艱難，明知難過卻不離的考量，也許是為孩子、也許是為面子、也或許是為了銀子，其實孩子會長大，而面子是給別人看的，只要自己認為不重要，就可以不在乎別人的評論，自然也可以不要；至於銀子，只要肯幹，活兒總是有的，掙多掙少、辛不辛苦而已，想好後果就行，任何選擇都要付出代價。

理論跟現實本就有距離，過不下去的理由百百種，同樣一件事有人覺得可以接受，也有人無法忍受，時間長了累積成無法補也不想補的裂口，一旦心冷了，情也就挽不回了，只靠單方面的維護並不公平。

根據統計，現在每五對夫妻就有一對以離婚收場，比率如此之高，是現在的婚姻讓願意承擔的人少了，還是已婚者的覺醒更積極了呢？婚姻沒有好壞，離婚沒有對錯，願不願意接受或忍受，想通了就好！任何決定都有遺憾，差別只在要對不起別人，還是對不起自己。

我送一堆搬家後清出來的收納箱給朋友，她說要拿來整理家裡堆得有點亂的衣服雜物，東西有點多，送到的時候，朋友跟一位年紀略顯老態的男人下來拿，我一看竟然是她的前夫，打過招呼，他先將東西搬到電梯間，然後再分批拿上樓。朋友站在車子旁跟我講話，我問她怎麼回事？兩人復婚了？她說沒有，只是他搬回來住而已。

記得她是兩年前離婚的，當時因為男的搞外遇，兩人天天吵，終於忍不住就離婚了，沒想到她去年檢查出得了癌症，接著兒女又都畢業後去了外地工作，有一次她在家昏倒，幸好女兒回來發現，送她去了醫院，順便把事情告訴她前夫，沒想她前夫居然搬回來照顧她，因為沒聽她說，要不是遇上我也不知道。

沒有再婚登記是覺得不必多此一舉，同意他搬回來是因為兒女都不在，一人獨居的情況下萬一身體再出現狀況，至少有個叫救護車的人，因為她的健康情況非常糟，除了已經檢查出來的二期肺癌，還有一些其他不算輕的病症，她不知道自己還能活多久，既然他願意回來，不管他之前的外遇是她誇大情節、還是已經斷開，都已經無所謂了，不知是生病讓她覺得無助，還是離婚後讓她變得冷靜，總之兩個人又住在同一個屋簷下。

現在兩個人都老了，她也病了，已經沒有劍拔弩張的力氣和算舊帳的必要，就將就著過吧，這倒是和平落幕的悲喜劇。她的病沒有採取開刀切除而是藥物治療，她說自己現在的五臟六腑像一堆機能失靈、只是拼裝在一起勉強運轉的機器，任何一項拆動整修，都可能引發其他零件一起崩壞。

前一年她進出醫院多次，目前還維持在定期回診中，一直是她前夫在照顧，用一場危機四伏的病，換回已經破碎的家，在我看似團圓的結局，她淡然的說只是湊合而已，連恢復戶籍登記都不想，只說他倆現在是室友關係。

曾經的夫妻即使破鏡重圓，依然留有傷痕，說自己不知還能活多久的她只是選擇了忽略傷痕的存在，人生已走過大半，後面的日子照她說就是有個看家、做飯、拿藥、陪病、必要時可以對外通風報信的人而已，老伴的功能不都是這樣？就像今天，他還是個幫得上忙的苦力呢，想開了，也許寬宥別人也是放過自己吧。

在捷運站遇到一位曾經交情不錯、卻很久不見面的朋友，沒想到我們搭的是同一班車，卻在出站的時候才看到對方，我準備回家，她是到附近辦事，她說她來早了，還不到約定的時間，想找個地方坐下來看電腦資料，我說陪她聊聊，反正我不急著回家。

她是成功的職場菁英，在一個學術研究單位擔任高階主管，她的先生我也認識，多年前兩人還一起來過我家，他們都比我年輕很多。我是在一場座談活動上幾次接觸時因為談得來而跟她成為朋友的，她很優秀，高學歷、高執行力、高情商，讓她在工作上收穫很好的成績。她和先生是大學同學，畢業後先生去了普通的公家單位，當個朝九晚五的公務員，是那種安分守己、按部就班的好好先生，他們有一個兒子，聽說也上大學了，跟多數家庭一樣，平凡而踏實。

閒談中她告訴我過兩個月要去美國回鍋當兩年學生，她申請到一筆不錯的研究獎學金，她雖比我年輕很多，但也是五十出頭的人了，還有這種心力去研究學問，不得不佩服她的決心跟毅力，問到她先生跟兒子會同意她離家這麼久？她聳聳肩的笑了一笑說，他們很獨立啊，我在不在對他們影響不大。

印象中曾經聽她說過，他們家的家務大部分是由她先生處理的，包括小孩小時候的接送和教育問題，現在孩子大了更不需要牽掛，她的精力一向都投注在工作上，所以她和先生的成就是不同的分岔線，丈夫支持她讓她沒有後顧之憂，也欣賞她、讓她放手做自己，只是不同的成就讓兩人難免逐漸出現間距。女人的能幹和成就向來是牝雞司晨的原罪，幸運的是丈夫接納她，讓她在公婆面前也能泰然自若，但她知道心靈深處的寂寞，是她無法跨越的鴻溝，兩條無法交集的平行線只是相偕而行的伴侶。

道義上她不能無視丈夫的成全，感情上她不能自私的只考慮自己的失落，心靈上的漸行漸遠只能自己去化解，只要不拆夥，家就還是完整的，所以，抓住可以放飛的短暫喘息，也算是延續她繼續走下去的動力。

分開的時候我祝福她一路順風、凡事隨願。

如果能放下，沒有牽掛的愛就是解脫，不必用世俗的悲情框架自己。婚姻不用算計恩怨，都只是一場博弈後的輸贏，有人贏了面子輸了感情，有人輸了感情卻看清自己的內心，沒有好不好、對不對，只能自省內心深處沉澱的愛還有多少餘值。

誰是第三者？

有位囂張的小三大言不慚的說了一句非常經典的話，就是「不被愛的人才是小三」。想想也沒錯，原本名正言順的正宮元配，因為丈夫出軌而出現的小三，不但不覺得自己理虧，還如此理直氣壯，不就仗著男人愛她又對元配的漠視甚至不屑嗎？

從古至今，小三絕對是婚姻的畸胎，只要沾上，婚姻就會出現各種變數，從此三人的糾纏從明爭暗鬥到正面廝殺，步步都是高手過招，就看誰比誰厲害、誰壓得過誰，有正宮踩死小三的，也有小三篡位正宮取而代之的，別以為只有家大業大的男人才有這種爭鬥，其實平頭百姓一樣有這些戲碼。

男人外遇有的是貪戀年輕女人的容貌、體態，女人外遇有的為財，有的以為是遲來的愛情幻覺，要說動情那是手段，只有為了想得到更多才想用婚姻來鞏固地位。愛情在外遇者身上，無論是男人還是女人都微乎其微，充其量只是荷爾蒙發酵造成的假象罷了。

有趣的是，當元配與小三互相廝殺的時候，身為導火線的男人只會在幕後旁觀，一直以來無論厲害的元配修理小三的手段有多高，同樣有讓元配啞巴吃黃連的囂張小三，而兩個女人背後的男人都是絕對的受益者，因為無論哪個贏了，他頂多是配偶欄上換個姓名而已，更高招的是不改戶口也照樣能有小三。

近年過世的一位知名女作家，生前就是被貼上搶人丈夫、破壞家庭標籤的小三，而她那位被子女敬愛、被前妻強調是女作家勾引的男人，卻沒有人評論他心機有多深、城府有多重、手段有多高。

明明利用女作家的知名度為他的事業賺進財富，還包裝自己多情惜才的知己形象，先是在自己孩子還小的時候，拖延多年才離婚給小三名分，而後再將打好根基、資金雄厚的事業轉手給自己原來的子女，甚至祕密寫下遺囑，將大部分財產留給他們，換來子女的愛戴、前妻的默許。

所有的同仇敵愾都是小三的過錯，這麼無辜的渣男，怕是一直活在自己編織的愛情故事中的女作家永遠看不透的吧?縱使前妻後來也再婚，女作家後來也得到了名分，卻輸掉更多她以為存在的愛情，最終的自戕怕是夢醒的悲涼、內心的至痛吧。

廚具界也有這麼一個故事：男主角是從事餐廚用品的進口商，與元配的家庭原有子女，但同時也有小三，而且小三是他事業的好幫手，靠著她的投入與協助，打造了這個行業非常熱銷的品牌，其中一組鍋具更幫他賺進了大筆資產，兩人雖然在國外辦了婚姻登記，卻是在台灣不被承認的夫妻關係，因此在事業上，她雖然是與產品劃上等號的代言人，名分上她卻是不被認可的外人，糾纏多年終於關係破裂，最終她被踢出商品，等於人財兩空，男人回歸家庭，再度扮演好丈夫與好爸爸的角色，他們依舊是完整的一家人，男人繼續掌握根深葉茂的事業，而年老色衰的小三只是耗掉她半生拚搏的棄卒，該感嘆被辜負的是愛情還是世人口中的報應？

愛情只要有第三者，就注定是不得善終的悲劇，不懂得節制感情分寸的男人就是無品的渣男，在男女關係中，除了追求愛情的美好，更要有保持冷靜的智慧，只要有一方不能公開身分，這樣的感情就是見不得光的自毀，再情深的愛出現在時間不對的遇見，就不能坦然相守在兩人身上，如果不懂得及時停止，再美好的感情都是汙穢褻瀆的，不但摧毀另一半的人生，外遇者也要用一生的代價去償還，對的時間遇到錯的愛情，和錯的時間愛上對的人都是劫難，及時抽身、保留彼此的尊嚴，否則都是自殺式的沉淪。

年輕時的愛像盛夏的烈日驟雨，轟轟烈烈，如果不能持續，不過是一場邂逅，中年的愛情是步步為營的斟酌，經歷過感情的淘洗，卻不安於淡定，非要幻想可能出現的愛情奇蹟，注定是一場人倫毀滅的浩劫，之前無論出自何種心態決定的婚姻都是注定的前世今生，想翻盤只能用餘生去賠，無論遲來的愛有多甜美都帶著遺憾的汙點，像蛋糕上的蒼蠅，不是剮掉就好，愛情只停留在正常的婚前戀愛中，婚後只有經營一個家的平平淡淡，家裡沒有風花雪月，只有婚姻路的上柴米油鹽。

2／親情是今生的修行

人的感情關係最親密的是親情，從父母到手足，這是最直接的血緣，也是自己無法選擇的，連子女都未必，如果不結婚或是結婚而未生育，便沒有兒女這一環的存在，所以手足關係是一生的緣牽。

●手足是陌生的親人

不能選擇的父母、手足，會在甚麼樣的家庭共同生長、領受甚麼樣的親情，這都是無法預知的緣分，我們不能拒絕上天的安排，但會改變成年後的認知，父母無法割捨，但手足終有聚散，每個人對家的定義不同，但是只要父母在總是個家，父母離開了，家就未必是原來的家了。

一棵同根生的大樹，不管是粗壯還是瘦弱，長大長高後都會分叉出新的枝幹，手足像分枝散葉的枝幹一樣，每個生命的個體都有各自伸展的空間和成就，雖是同根生，但分叉的枝幹都有各自的天空，枝幹越粗交集越少，因為枝幹又長出自己的枝椏。

同一個家庭生長的兄弟姊妹，長大後的性格、價值觀其實是不一樣的，由親人變成親戚，是時空必然的蛻變，雖然小時候在同一個家庭成長，但是長大後各自的發展與成就，會在不知不覺中拉寬彼此的距離，也會讓手足間的親密漸漸疏遠、感情慢慢淡薄，最後只剩血緣的認同。

世上有手足情深的美談，也有兄弟鬩牆、互相殘害的先例，關鍵無非在利益的計較上，無關利益的感情比較容易維繫。其實也不只是手足眾多才有紛爭，即使只有兩個孩子也可以產生歧見，有財產的大戶，子女長大後如何分配，讓個個滿意更是個大學問，父母給予的愛是否公平，讓每個子女來回答都有不同的答案，就連財產不多的小戶人家，也還有偏心的爭論，手足之間的計較永遠有各自心中的糾結，如果平日相處已然淡薄、能不撕破臉已算和氣，何況在各自有家後，為了維護自家的大小事，手足已屬外邦，豈不更微不足道？

父母在，家就在，父母不在了，手足只是親戚。雖然殘酷卻是現實，父母像一個桶箍，維繫著手足間的凝聚，有父母在的家，手足間即使有齟齬也是能相處的，父母離開後，各自為家的手足，即使交集都是冷淡的。

有個做生意的朋友跟我說，她有一次急著周轉三十萬，但問遍四五個家人居然借不到一分錢，那些手足有的不相信她會缺錢，有的怕借了萬一不還，或要她還錢的時候不好開口，還不如不要有金錢往來，她這才發現原來給人家和求人家給是不同的，即使是家人，只要涉及金錢，哪怕是借，也會謹慎得有如外人。

還有位做食品生意的朋友，因為人手不夠、忙不過來，就找了自家姊妹來幫忙，心想自己人比較放心，加上她的姊妹因為經濟條件比較差，很需要一份收入，找她來既可以幫她，也可以方便她照顧家和小孩，所以除了給她薪資，連同她帶在身邊的孩子所有吃喝也一同照顧，畢竟自己人放心得多。

所以當她的生意越做越大時，她的姊妹幾乎成了她的左右手，所有進貨通路、帳務周轉、往來客戶的聯繫，她的姊妹都非常清楚流程，可是才做了一年，她的姊妹就跟她說不想做了，理由很含糊，既然挽留不住也不能勉強，只能另外找人。

後來她發現營業額有逐漸滑落的跡象，心裡還惋惜自家姊妹是福星，她在的時候生意是很好的，有一天，有位客戶來買貨的時候怪她的價格比另一家高，還說都是一家人怎麼比較貴，是因為那家缺貨，才會來買她的。後來她去打聽，才發現跟她打對台的竟然是她的姊妹，而且是從她這邊離開後就自己開了一家跟她一樣的店，所有渠道都是來自當初交給她的資訊，然後用比她低的售價搶客戶，她去當面質問的時候，對方的回答居然是：妳能賺我為甚麼不行？難道妳可以自己吃到吐都不准別人吃嗎？

有一種難過叫無語，有一種痛是被砍了卻喊不出來，自己人的傷害才是叫不出聲的殺伐。

●別讓親情綁架

父母照顧孩子，不管自己的條件是甚麼，都會盡最大的能力養育，成長過程每個人得到的精神或物質的條件或許不同，除了少數特例，父母愛護子女的心都是絕對的。但父母也是凡人，孩子如果覺得被偏心了或是短缺了，父母也不應該是被埋怨的對象。

雖然傳統倫理都教導子女「天下無不是的父母」，但是長大後與父母疏離、親情淡薄的並不少見。其實老人如果覺得自己對子女的付出得不到對等的回報，若因被冷落而產生怨懟，反而成了親情的綁架。尤其當子女也有他們自己的下一代需要照顧的時候，對老人的關愛必然無法顧及，這是絕對的、也是必然的，老人除了理解也應該體諒，才能維持關係的和諧。

而父母在子女長大後，不管他們是否結婚，都應該有階段性的切割，讓他們有自己的空間和他們選擇的生活方式，即使親如父母，孩子大了都只能當朋友，給予的關心或金錢要適可而止，需要他們給予自己的同樣要隨緣，能得到是他們仁孝，得不到也無須怨懟，將所有待遇都心情平和的看待，才不覺得悲情。

其實，成為您的子女並不是他們的選擇，既然是父母造成的血緣，養育和教育都是責任，卻不是我們可以據此要求回報的憑藉，他們的成就靠他們自己去爭取，即便父母給予任何協助，也是您自願的付出，至於他們要不要回饋，那是他們自己的判斷，無所謂孝與不孝、該或不該。

婆媳問題更是親情混淆的迷思，您以為兒子是您生養的，所以嫁給您兒子的媳婦也等於是您的親人，所以應該孝順您、侍奉您？別忘了她跟您毫無血緣關係，您沒有養育過她，要不要對您好，得看她願不願意，她在乎的是您的兒子和孫子，而不是您老人家，說白了，她不欠您甚麼，當兒女的同樣可以不欠父母甚麼。

將孩子養大、讓他們可以獨立生活、開創他們的人生後，父母的責任就算了了，還要不要繼續給錢、給愛、給關懷要量力而為，因為您給的未必是他想要的，其實您同樣也不再欠他們甚麼。

父母子女間的緣分有多長、多好，每個人的福報不同，有忤逆不孝的子女，也有貼心孝順的，分開之後大家能和平共處，日後還能噓寒問暖便已功德圓滿。兒女對父母只是照顧的程度不同而已，只要老人不苛求、不抱怨、不刁難，互相體諒，他們好過，您才會好過。

●不想成為家人的負擔

為了不讓自己的腿力退化，也讓自己有固定運動的時間，我每天下午都去住家附近的公園運動。公園裡有很多簡單的運動器材可以拉筋、伸腰、展臂、活動四肢，通常我去的時間也是很多老人在公園出現的時候，所以我通常都是選擇慢走，而不是跟大家聚集在那些器材前運動。

公園出現的另一類人，就是由外勞用輪椅推出來的不同老人，他們選好一個比較寬敞的角落位置，然後將輪椅聚集在那邊休息，老人們坐在輪椅上發呆、張望路過的行人，外勞們就用她們的家鄉話聊天，稍晚後才又各自將老人推回家去，幾乎每天看到的都是相同的景觀。

有幾位也是跟我一樣選擇慢走的大媽，因為常在中途照面而熟悉，從點頭到簡單的交談，其中有像我一樣獨行的，也有兩人結伴併行的，他們有比我年輕的，也有年紀差不多的，我大約走半小時會坐下來休息，久了，一些體力差不多的也會在附近坐下來，於是不知不覺中也會閒聊幾句，我也從中得知這些老人各自的情況，小小的人群卻是人間百態的走馬燈。

我不習慣跟沒有交情的人談自己的家事和私事，所以都是聽別人說的多，即使被問，我也只回答無關緊要的部分，但有人還是會把這裡當作傾吐的管道，因此可以聽到很多別人的故事。

有一個因為車禍而從職場退休的中年婦女，大約五十出頭，並不算老，只因還在復健，所以還拄著單手拐杖，因為沒有結婚，所以退休後就想去投靠成家的兄嫂，後來傷勢痊癒後，母親跟她說既然年紀大了，不如留下來幫兄嫂做家務照顧孩子，因為兄嫂都在做生意，沒想到才過半年，除了被當成做家務的保姆，還要求她要交生活費，其實她住的是老家的房子。

母親知道她打拚多年有自己的公寓，就勸她把房子賣了搬回老家跟他們一起住，以後老了也有人照顧，可是最後她還是選擇回自己的窩，她的積蓄足夠自己生活，平常上午在早餐店打點臨時工，讓生活不那麼單調，其他可以安排的時間就參加一些社區活動或出去玩，傍晚就來公園運動。

還有一位幫女兒照顧小孩的老太太，也在外孫上小學後回自己家跟老伴生活，他說照顧完小的照顧老的就好，女兒家總是別人家，兩老自己過比較輕鬆，只要照顧好身體，不給年輕人製造麻煩，就是家庭幸福。他們還有一個在國外生活的兒子，想接他們去那邊生活，她覺得還是自己家的環境比較習慣自在，兩老都是完全不想依附子女的老人。

我記得有兩位都是兩人行、年紀比較大的外省籍老太太，其中一位已經很久沒出現，只剩其中一位還在慢走，我問起她的同伴，她說去花蓮住那邊的養老院了，雖然有子女，但是各有各的家庭，由任何一個照顧都不好，何況自己有些慢性病比較麻煩，於是把老房子賣掉，搬到年輕時候住過的花蓮去養老，手上的錢足夠讓她在離開前不需跟小孩伸手，兒女之間不會有爭執，她也沒有多餘的錢分給他們，此後各自安好，他們有時間、有心就去看她，就當作旅遊，不去看，她也有妥善的照顧，子女不用擔心，真是位冷靜又理智的老人。

有位單身朋友下雨天走路的時候不小心從階梯摔下去，髖關節傷得厲害，開了兩次刀、調養了半年還是無法行走，只能坐輪椅，朋友年紀大了，她的家人也都是老人，沒有人能長期照顧她，侄甥輩沒時間也沒義務照顧，住院期間她都是請看護，出院後生活起居還是需要有人幫忙，於是申請了外籍幫傭，後來的生活都是外傭跟她兩個人過。她有自己的房子，也有退休金，雖然行動不方便，但是頭腦清楚、雙手靈活，也懂得安排自己的活動，生活過得很安逸，有時會參加社團活動的旅遊、參觀和復健，都是由外傭推著她到處去，所以她的半癱並沒有成為其他家人的困擾。

朋友介紹給我一個從南部鄉下來的婦人，每星期來幫我家做清潔打掃的工作，她人很瘦小、個子也不高，非常靦腆，但是工作很勤快也很認真，年紀大約五十出頭歲，丈夫已經過世，有兩個兒子都結婚成家了，聽她說她一星期七天都排滿了清潔打掃的工作，早上還到早餐店去打工，算下來她一個月的收入比上班的年輕人賺得還多，可是她並沒有跟兒子住，而是一個人在外面租房子，她說工作是為了存錢自己買房子，又是一個不想成為孩子負擔的人，這麼勤快又節儉，相信早晚能達成買房的願望。

從他們這些人的例子看下來，養兒防老或是老了不想依賴子女的老人已經逐漸覺醒，但是要有這種魄力和決心，就必須要有養活自己的能力和條件，房子和銀子都是不可少的，可是老人已經沒有開拓財源的能力，那就守好手上能掌握的財力，無論獨居還是住養老院，錢都是護身符，先安頓好自己再考慮留給子女。

冷漠是親情的殺豬刀

半夜，救護車的聲音在樓下嗚叫了一陣後停止，不知出了甚麼事，第二天早上才聽管理員說同幢樓有位老先生洗澡的時候滑了一跤，骨折送醫了，老先生是獨居，有一個兒子在國外，已經結婚成家，但因為工作和家庭都在美國，所以沒打算回來住。

前些年曾經接老先生過去生活，但是語言和生活習慣都不適應，最後還是選擇回來獨居，老先生有公務員退休金，房子是自己的，如果健康的話自己生活沒問題，但他也已經八十二歲了，身上不免有些老人病，比如高血壓、心律不整、糖尿病，雖然都不是很嚴重，但偶而還是需要回診，在這之前他已經讓救護車送過一次急診，還好住了幾天醫院就回來了。

他老婆已經過世多年，除了美國的兒子一家，在台灣只有一位遠親表弟，但是離得遠，所以也不常往來，他的人際關係除了以前的老同事，就是平常運動的幾位熟人，還好他的腦子還算清楚，平常行動也算俐索，那天摔倒後，忍痛爬了幾步，按了大樓警衛室的緊急求救鈴，這是他早早為自己設計的活命通訊，想到自己高齡又獨居可能發生的危險，所以他請水電幫他拉了一條可以連接到警衛室的緊急呼叫線，並且放了一支大門鑰匙在警衛櫃台，這次幸虧他還能按鈴通知，警衛也能用他存放的鑰匙開門進去，否則如果拖延幾天才被發現，情況可能就慘了。

雖然及時送醫，但接下來要住院治療還是需要人照顧，警衛幫他聯繫了美國的兒子，但回來需要時間，只好先請交情好的老同事互相告知找人來幫忙，但同事也都是高齡老人了，來探望還可以，照顧不太可能，醫院只能幫他安排看護。不巧的是住院檢查時，發現他摔倒的時候頭部有受到撞擊，雖然當時沒有昏迷，但是發現有內出血情形，病情並不單純。

他住院一星期時，兒子回來了，畢竟他的工作也需要安排，他看了父親的狀況也跟醫生了解病情後，知道這不是短時間可以康復的，這下辛苦了，美國的工作不可能放棄，父親的病情也不能不管，他還有家庭和幼小的孩子要照顧，遇上這樣的情況還真是人性和理性的考驗，可是他也只能在醫院待一星期，因為他只請了十天假必須回去，後來是醫院的社工介入協助，幫他申請了社會局的長照服務，這樣老人可以有固定的照顧人手，支付的費用也不那麼鉅額。

他兒子還是不得不回去，離開前只能帶著歉疚與無奈對著半清醒半昏睡的父親道別，聽說離開前曾向醫院簽了一些文件、付清醫療費用、還留下一些預付金，儘管如此安排，老人並沒有逐漸康復，而且還越來越不樂觀。

老人摔跤真的是可怕的致命傷，因為不知道會引起其他甚麼併發症，沒有親人在旁的情景是悲涼的，但是子女少又離得遠，他們也有不得已的無奈。

記得有位親戚之前住院的時候由兩個媳婦輪流照顧，也是讓她看盡臉色、受夠冷言冷語，就連自己的女兒來探病，也是停留一下就走，除非不得已，否則她盡量不麻煩她們，個中情形我們外人不清楚，只聽她說：「甚麼都能有、就是不能有病。甚麼都可以沒有，不能沒有錢。」可是當你躺在病床上的時候，錢還是無法幫你解除病痛，這才是更大的悲哀吧。

鄰居老先生躺了一個多月最後還是走了，可是也只有兒子回來處理後事，媳婦和孫子都沒來，簡單辦完告別式後就安葬，細節我們都不清楚，他兒子同樣停留了幾天後又回去了。

不久有仲介貼出廣告賣他那間房子，聽說他兒子離開前已經把所有手續都委託好了，他既然不打算回來，當然房子留著也不好照顧，但是完全不整理就賣也似乎太草率了，聽房仲說屋內所有東西都不要了，家具留給買屋者，如果買房子的人不要就送回收，至於私人物件委託房仲全權處理，並同意全部銷毀。

曾經的一個家就這樣沒了，年輕人的果決是完全不帶絲毫情感的決絕，也許那個家的記憶早已淡薄，那裡裡曾經有過的溫情已經冷卻，當親人遠離、自己又已經有另一種親情存在時，被取代、被送別、被遺忘，都只是一個關係的結束、一件事情的終結而已，該說是他的冷靜還是冷漠呢？

● 少說少問是公婆守則

端午節的時候跟女兒一家在飯店的自助餐廳吃飯，巧遇朋友跟兩個兒子兩家人也在同一個餐廳用餐，他們全部加起來十口人，浩浩蕩蕩的被安排在比較邊上的大桌，跟我們成對角相隔，稍有點距離。

取菜的時候我們又遇到，就聊了一下，第一句話都是：妳怎麼也來吃自助餐？答案都是過節要一起吃飯，在家做太麻煩。

的確，年紀大了，過節還要搞一桌菜太累了，而且吃完還要收拾，雖然有媳婦，幫忙還是有限，萬一有一個做得多、一個不太搭手，次數多了他們也會心裡不舒服，本以為人多所以準備的也多，但每次剩菜都沒人要帶走，最後都是留給兩個老的慢慢吃，不然只能倒掉，既然年輕人喜歡吃外面，何不配合？這樣都不用忙、也不用善後，在家做菜還要考慮他們愛吃甚麼、不喜歡吃甚麼，人多口味多，顧不了面面俱到，外食可以隨意點，尤其自助餐的菜色多，可以隨人挑，總有自己愛吃的口味，雖然老人胃口小，吃幾樣就飽了，只要他們開心就好，一餐飯吃得皆大歡喜，何樂不為？

我本來也是不喜歡吃自助餐的，因為吃不多、覺得划不來，可是也跟朋友考量的一樣，每家自助餐的冷菜、熱菜、湯點、主食都有幾十種可以選，再挑剔的口味也總能找到喜歡的吃，還包括中西、西式、日式、歐式、東南亞式，年輕人都有本事去找資料、作攻略，就由他們選、他們決定，老人只要時間到配合出席就好，連誰出錢都別問，讓他們自己討論，偶而老人請客也無所謂，反正自助餐廳那麼多，好吃的記住下次再來，不好吃的也只是一次體驗，高檔的也好、便宜的也無所謂，老人盡量不要提意見，吃好吃差都別批評，千萬別成為媳婦口中「難搞的老人」就好，除非都不來往，否則要見面相處，就要讓大家順心、自己也開心。

以前我端午節都包粽子的，包完還到處送，因為用料好成本高不說，前後的準備工作和善後，總要忙上幾天，可是女兒都叫我不要做，我以為是怕我累，結果是她沒有很喜歡吃粽子，我做了也說只要兩三個就好，還脫口說有一年我送了十個他們才吃了幾個，後來放到壞都丟掉了，我氣得差點噎住，難怪後來她都只拿三個。我兒子愛吃粽子，但也吃不多，說粽子不消化，他腸胃不好，後來我乾脆不包了，可是兒子又問我端午節為甚麼不包粽子，我說你們都不愛吃我幹嘛包？他說不喜歡多吃，不是完全不吃，不包粽子沒有過節氣氛，說得跟繞口令似的，後來我為了他要的氣氛，還是買了兩斤米簡單的包了幾個。

現在過年過節我也跟他們一起外食了，這一路都做了五十年，夠了，原以為這一身手藝可以傳給女兒或媳婦，既然後繼無人都不想做，我幹嘛非要執鍋揚勺的大鍋燉小鍋煮的忙甚麼勁兒？遇上他們在家吃飯，我炒炒弄弄幾個菜簡單輕鬆就可以了，當兒女長大、有了他們自己的小家後，跟原生家庭和父母的親密度也就是吃吃喝喝而已，無論女婿或媳婦，最和諧的關係就是一頓飯的相處。

3／友情是生活的點綴品

朋友是銜接社會的管道，小時候的玩伴、讀書時的同學、出社會後的工作夥伴，無論是從互動產生的交情、還是因好感而建立的友誼，都是成為朋友的來源，但隨著年齡漸長，也會隨著各人不同的發展而漸漸疏離，當彼此的生活不再有交集、當各自的成就不同、身分不同、貧富不同，友誼也就慢慢變淡了，然後走著走著才發現，所謂的朋友不過是曾經認識的熟人。

不同的朋友有不同的交往期，有的認識時間雖長卻不深交，也有交往不長卻十分投緣、可以無話不談的，朋友可以提供精神上的慰藉、情感的共鳴，在生活中偶而可以因為朋友的幫忙而解決某些困難，得到一些幫助，是難得的友情，但是友誼必須對等，不能靠遷就和配合成全，經驗會讓我們學習區分，時間會讓我們懂得篩選，朋友也是成長過程中需要學習的一門社會課程。

●「一起吃飯」只是口頭禪

久不見面的朋友偶然遇見了，如果過去有過交情或是相處還不錯的，難免有意外的驚喜，也會有短暫的問好寒暄，萬一沒有坐下長談的打算，也可能都行色匆匆的趕下一段行程，只能嘎然而止，如果覺得意猶未盡，難免臨別會來一句：「甚麼時候約一下，一起吃飯喝茶好好聊聊？」回應的一定都是「好好好」。

其實這種話也就到此了，可別當真，更不必認真，因為不會有以後，也許是自己，也許是對方，相約再見只是句場面話，無論吃飯或喝茶也只是口頭禪而已，友情有親疏遠近，唯獨沒有天長地久。

也許只是客套，也許只是敷衍，也許只是應付，社交上有很多話聽聽就好，不抱期望就不會失望，一旦落空也就無所謂難過，這是成人世界的話術，說是朋友，其實只是個熟人而已，尤其是同一個人、同一種口氣、總說同樣的話，這樣的朋友也可以忽略了。

有一年，我跟女兒去香港辦點事順便旅遊，碰巧遇到去開學術研討會的教授朋友，她以前是常來我工作室的座上賓，也常帶她的學界朋友來跟我的朋友一起吃飯喝茶，正因為他們這些教授朋友在座時的笑談，讓我們增廣不少見聞、豐富我們一些知識，所以每次都是非常愉悅的聚會。作為工作室的主人，我總是非常開心的準備每一場充滿雅趣的餐食，並且對這些教授朋友的光臨倍感蓬蓽生輝，每次的道別也都期待下次的聚會。

沒想到會在香港遇到她，所以非常開心，剛好她的研討會結束了，正想著第二天去玩，我因為常去香港，門路比她熟識些，所以就約好一起同遊，第二天見面的時候她還帶了一位一起開會的大陸學者，所以接下來的三天，我們都是一同進出的四人行。

當時我因為生意的關係，在香港的銀行有戶頭，平常就把一些小收入存在裡面，去的時候就取出來作為停留期間的開銷，所以並不需要另外掏錢兌換港幣，也就不覺得會因為去玩而增加支出，那時是一比五的匯率，把港幣當台幣花很豪氣，也從不去換算台幣的幣值，所以對物價不是很有概念。

我的教授朋友向她的大陸朋友介紹我說我很大方，在臺灣到我的工作室吃飯都是我張羅的，客人只要帶張嘴就行，因為第一餐飯是我選的餐廳，所以禮貌上餐費是我付的，後來幾餐她都說由我決定，跟著我吃就行，就這樣一連三天我都是選餐廳並付餐費的人，包括正餐之外的小吃和下午茶，學者都很健談，所以玩得很愉快。

最後一天的晚餐後，她說這幾天吃得很好、很開心、讓我破費了不好意思，她的大陸朋友也說了聲謝謝，然後互相道別，她的朋友隔天飛上海，我們回台灣，很巧，我和教授朋友搭的居然也是同一班飛機，所以又約好第二天跟我們機場見。

可是當天我跟女兒找遍候機室的休息區始終都沒見到她，還想著她是不是遲到了，登機的時候還特意站在登機口，看著旅客一排排的走過，還是見不到她人，直到所有人都走完了，我跟女兒只好進去。

還擔心她不知道會不會出了甚麼意外，沒想到進入機艙找到座位時，竟然發現她早已在相隔幾排的地方好端端的坐著，我急著說等她許久的事，她扯了一下似笑非笑的嘴角，淡淡說了一句：「有點累，所以先上來坐了。」然後開始閉目休息，非常讓我錯愕的神操作，想想我這幾天沒甚麼失禮之處吧？下機後我也沒注意到她怎麼離開的，那之後我的小廟沒再迎來過這尊佛。

隔了幾個月，有一天在路上遇到一位曾經跟她來吃過幾次飯的主任級教授，說起很久沒吃到我的菜了，問我甚麼時候請客，他再跟那位教授一起來，我說了個藉口沒回應，他跟我建議說我可以定期的辦個饗雅集，排出大家都方便聚會的時間，他可以幫我約一些名教授來吃我做的菜，這樣我可以秀手藝，有這些名教授吃過也可以幫我提升氣質和知名度，當下我沒多說甚麼，算是不受抬舉吧，我只是不了解做菜需要甚麼氣質，他們吃飯我做東，能提升甚麼知名度？

有過這些經驗，我領悟到的是千萬別跟自己身分地位不對等的人做朋友，不是自討無趣就是自找罪受，高攀或低就從來不是交朋友的方式，別人的成就光彩不了你，自己不能發光，太陽對著你照也會曬死。

●錢是友誼的地雷

有一次和一位還在商場營運的朋友吃飯，對方很關心的問我退休後的生活過得怎麼樣，我隨口說了句：「不好啊，沒工作、沒收入、沒錢途，金錢的錢，能上班還是不要退休比較好。」結果對方臉上瞬間閃過一絲狐疑的表情，並輕聲地問我：「生活還可以吧？」我突然覺得自己好像說錯話了，馬上轉移話題，但是過程中對方還是有意無意的說了幾次現在的生意不好做，利潤不好、自己也經常需要調頭寸的話。看來即使是隨口說說的話也會讓聽的人會錯意吧，最後買單時她搶著刷卡付帳，還說我現在沒收入，不能再讓退休老人花錢，我不想白食，就說現在都流行ＡＡ制，最後還是把我那份餐費用現金給了她，為了減少誤解，也避免尷尬，那餐飯後我不敢再跟她聯繫。

人和人之間最敏感的話題就是談錢，怕別人來借也怕被誤會想借錢，這種雙面刃最難掌握，無論各自的財力如何都最好避免提及。尤其是老人，金錢的掌握本來就有限，既沒有能力關照別人，但也最好別造成別人的顧忌，每次見面相聚產生的花費，不必搶付帳，最好的方式就是各付各的，萬一讓人請客了就下次回請，群體中總有人願意請客付錢，也總有人習慣裝傻，別人付錢的時候總有他，真要付帳他就不見了，別人怎麼樣咱不管，管好自己就行。

常見面沒交情的只是熟人，交情不深的雖是朋友也不是甚麼都能聊，即使當時只是個人的情緒發洩或嘮叨，若被轉述就成了流言。

有位朋友的兒子跟媳婦鬧離婚，當婆婆的既擔心又煩惱的跟我們幾個聊了這事，大家只能各種勸慰，偏有一位俠氣十足的朋友除了提供各種建議，還跟其他人義憤填膺似的說她的兒子多好多優秀，同時譴責她媳婦的各種不是，本來只是我們幾個知道的，後來好像大家都知道了，而且很多人都來安慰這位婆婆，搞得她既尷尬又生氣，有一段時間都不太參加活動和聚餐，後來我們都勸她出來散心，別為兒女的事操煩，反正也管不了年輕人的事。

有一天她出現了，沒想那位俠女又來關心她，而且還嗓門不小的問她兒子媳婦的事處理得如何，這一招呼又引來其他聽說過此事的人的注意，雖然出自關心，卻讓她有窒息的感覺，故作輕鬆地回應了幾句，中途趁大家不注意就提前離開了。

社交圈最怕俠氣十足又盲目仗義的人，也怕表面和氣、看似好說話，私下卻意見多又難搞的人，朋友好不好相處，值不值得深交，相處久了總能區分，甚至只要一起出門旅遊一趟就能分辨，平常往來大都時間短暫就結束，開心或彆扭不會有太大的關聯，但一起旅遊時朝夕相處的時間比較長，如果又共處一室，幾天下來彼此的品德、性格、脾氣就會非常真實的表露無遺，對方的三觀跟自己合不合拍，一趟旅遊就是最好的觀察，此後雙方的友誼可能更加深，也可能從此降溫，就看您如何看待相處期間心裡最真實的感受。

●聚散都是一場送別

我有一位超過三十年交情的朋友，一起從年輕到老，經過每個階段的相知相惜，分享這一路行來的各種喜怒哀樂，算是深交的好朋友了。

她比我早退休，以前就是企業的高級主管兼各種活動的策畫高手，退休後很快參加了一些社團，同樣繼續發光發熱的展現她的長才，她是那種在團體中非常有群眾魅力的人物，積極又開朗的把退休生活過得有聲有色，每次見面都聽她說不完的各種見聞奇談，日子過得既豐富又精彩。

但是我退休後並沒有加入她的社團，主要因為除了她別人都不認識，我不像她那麼能適應新環境，雖然她說慢慢就會認識新朋友，我還是不想參加她的社團，所以還是照舊在她有空的時候，像從前一樣在我家一起吃飯聊天，每次都是一耗就一整天，直到捷運最後一班車她才離開。

她很喜歡吃滷味，所以每次她要來我家之前，我一定會滷一鍋有牛腱、雞腿、雞翅、雞爪、豆干的滷菜，她對吃的要求不高，只要有滷味，其他的都無所謂，吃不完的滷菜她最後都會打包帶回去，通常她會要求豆干多滷一點，因為她最喜歡吃滷豆干，在我家的時候她習慣躺在沙發裡，嚼著滷雞翅或雞爪跟我聊天，豆干反而吃不多，而是帶回去再慢慢吃，所以我都習慣幫她滷一大盒豆干。

其實我們也不是經常見面，以前在職場的時候都忙，退休了也各有各的事，但是過年過節前後或生日的時候還是會約著一起吃飯聊天，後來漸漸的連年節生日的例行吃飯變少了，先是不再因為誰生日而見面吃飯，只是用手機傳個 line 說幾句祝福，不知道是誰先忘記這種例行公式的，反正後來生日飯和傳 line 也少了，大概年紀大了之後對這些儀式感沒那麼熱衷了吧。再後來過年一定會碰面的也是年都過了很久才見面，導致有兩年的滷豆干都快過期，我又回鍋滷了一下才保住味道讓她拿走的，可能滷豆干已經吃膩了，即使過完年也沒見她有時間過來拿，本來還擔心萬一她想起又會來，所以我每年還是照例滷了豆干，也照例在到期她都沒來的時候處理掉，我傳的 line 也從各種解釋到久久回覆，再到已讀不回，或者隔了很久才傳一些影片和其他趣味的訊息，第四年後我再也不滷了，我本來就沒有很喜歡吃滷豆干。

我到現在也沒問過她忙甚麼，為甚麼都沒時間見面了，也沒再主動去約她，到這年紀，朋友的定位也就是有空則聚、沒空就算了，每個人都有各自的處境和選擇，淡然以對就好，朋友的聚散、友誼的疏離，都只是一場擦肩而過的邂逅，無所謂恩怨情仇，你來我等你，你走我看著你，友情、親情、愛情，都是漸行漸遠的送別。

●面具下的另一張臉

我不太認同「貌如其人」這句話，只是長相好的人先天上比較占優勢，說話做事容易討好，長相普通或是面相不討喜的人，做人做事會累些，其實人要變臉，很多時候是因為立場變了。

多年前，我的工作有部分是和某個公家單位配合，那時常被一位公認的惡女人刁難惡整了兩三年，後來對應的窗口轉到另一位男士手上，負責整個活動的他是儀表非常溫文儒雅的俊男，我和那個單位已經合作多年，跟那人也很熟，因此其他人包括我自己，私下都認為換了這位人人公認的老實帥男，我的工作會順暢很多。

有一天我在辦公室跟他談新企劃，從頭到尾他沒說一句為難的話，也始終一如往常的笑容可親，大家有說有笑的還聊了些題外話，會議全程看不出有甚麼不對，會議結束後我到另一個部門去交代後續工作，被交代的人很納悶的跟我說活動不是停辦了嗎？我說我剛剛開完會出來，沒聽說呀，誰講的？他說的正是那位大好人，我回身去確認，那人居然淡淡的說對啊停了，表情平靜得好像甚麼事都沒發生過，那麼之前的會議談的是甚麼？這記悶棍敲得我好久回不過神。

有位宗教信仰很熾熱的朋友，除了她自身的虔誠，總想跟我傳福音，要我跟她一起向偉大的主認罪以得永生，死後才能跟她一起上天堂。我對任何宗教都尊敬但都不虔誠，有一次被這位耶穌的子民拉去吃募款餐會，照她說是來了一位很有名望的牧師要佈道，機會非常難得。

那位牧師的語言魅力的確非常驚人，本來傳道士的口才就是一流的，當天的演說更讓與會的教友崇拜至極，幾乎都認為他是神的化身，簡直不是凡人了，很多人都恨不得傾其所有的奉獻，只為了認同他的證道。

散會時我看他匆匆離開的步伐，頭也不回的走，好像周遭的教友跟他毫不相干似的，有人想跟他握手，他一付皮笑肉不笑的表情，握著的手連手掌都沒彎一下，也不管別人問甚麼，頭都不回的趕場去了，我很懷疑剛才在台上有著慈祥笑容和滿懷愛心的天使，怎麼突然變得這麼高不可攀？原來同一張臉要扮撒旦或天使都可以在瞬間轉換，我猜不多久他在下一場餐會登台時，那張慈祥和藹的笑臉又會重新扮上。

我最佩服那些擔任心理治療師角色的專家了，他們不但能紓解自身的問題，還有能力替別人排憂解惑，無論親子教育、婚姻諮商、交友、外遇等疑難雜症，只要諮詢他都能說得頭頭是道，這些專家是明燈也是智者。

有一次我應邀去一位每年演講超過百場的名師的辦公室，為了配合她有一場講座，因為彼此很熟，所以她希望我也參加，剛坐下，她的助理送來一堆分別開的信，和一張抄滿電話的紙條，她看了一眼，把部分電話留下，再把一些問問題的信件扔在一旁，順便將一堆像是讀者的信直接往垃圾桶一丟，我問她為甚麼不看？她說：「都是些爛問題，看也看不完。」我有點驚訝，她在演講的時候不都慈眉善目的說有問題都可以寫信給她嗎？

到會議室排練座談會的事，發現她還邀了一些當天要上場的其他人，有趣的是，我的意見雖然站在反方，但是因為反方的人數太多，和贊成的一方不成比例，所以她要求我把反對改成贊成，還要我回去想想到時如何和反方辯論的內容。老實說我非常驚訝這樣的安排，但是她說我們是朋友當然要幫她，不然人數不平均不好辦，我忽然覺得我不像幫手像幫凶，因為那個議題如果持贊成意見對我而言是很荒謬的，後來想想就找個藉口婉拒了，結果當然是跟名人做不成朋友了，不過好在並沒有因為我的不識抬舉而有損她的威望，多年來她還是那麼有名，還是演講滿座，還是名利雙收。

多年前公司一樓有間店面空屋，由於屋主有錢，所以一直空著。傳說這裡的風水好，每次租作競選辦公室的候選人都高票當選，所以每當有選舉的時候都會有競選人來租。有一位當過部長後來轉選立委的名人就租了這間房子當競選總部，以前只在電視上看過他，雖然文質彬彬但他的威儀始終讓我覺得高不可攀，有一天經過的時候正好看見他在門口，非常客氣謙虛的走過來，對著路過的眾人鞠躬打招呼，請大家一定要給他為民服務的機會，當時還請大家進去喝茶，有些路人和一些老榮民進去坐，桌上擺了些用免洗盤裝的糖果餅乾，聽他一口一聲的老伯，非常親切客氣，可能真的風水好，也可能他的溫文有禮打動了選民，果然是高票當選。

後來有一次，我在路上看見一位老榮民絮絮叨叨的跟他陳情一件事，他面無表情的冷冷丟下一句：「你的事應該去找退輔會，找我沒有用。」這讓我想起他在當部長的時候，那時中南美有個國家發生政變，很多國家都撤僑了，我們的僑胞一直等不到政府的協助，急得說政府再不出面只好向中共求助了，記者問他有甚麼撤僑計劃，他一付不以為然的說，這些人為了保命甚麼事做不出來，賣國都敢，找中共很可能啊。人命關天急在旦夕的事，他這樣的回答和後來高票當選後的態度，其實並不令人意外。

人心之不同各如其面，真真假假，假假真真，別用一面之詞或看到的表面行為去對某個人妄下斷語，儀表不代表內在，粗俗的販夫走卒也有真誠善良的一面，人，是看不透的。

●推坑的都是熟人

有位婚姻諮商專家是我們聚會時的開心果，不但妙語如珠，還可以從她那裡聽名人八卦，因為她來往的人太多了，名人對名人，精彩的內幕是永不冷場的話題，對象也包括我們共同認識的朋友。

有一次，她當著現場十幾個包括不同行業的朋友面前說：「某某某結婚你們都去吧？到時候大家坐一起喔！」她說的那個人也是文化圈的知名人士，大家都認識，當下大家還一頭霧水的說：「某某某不都三個小孩了結甚麼婚？」她馬上說：「原來你們都沒收到帖子？唉呦，算我沒說。」然後大家開始七嘴八舌地問她怎麼回事，其實她自己也沒收到帖子，而結婚的那個人也是她的朋友，並且曾經向她諮商過，以前是別人婚姻的第三者，後來靠著三個小孩擊退不曾生育的元配扶正了，本來想低調的辦個儀式讓自己有個正式的名分，所以沒對外廣發請帖，她這一說讓大家全都知道那個人原來一直是小三，以及未婚生子的底細，反觀這位專家她所有說過的一些八卦，都成了她暢銷書裡的案例。

在一場餐會上，來了位儀表俊秀、談吐謙沖、文質彬彬的學者朋友，他一直是公認學識涵養兼優的才子，平日與他見面的機會不多，那次是意外遇到，他對每個人都很客氣，哈腰、握手、寒喧、打招呼，絕不冷落任何人，屬於高人氣的焦點人物。

這幾年進入政府部門出任官職後，雖然職位更上層樓了，但是面對在座的熟人、老朋友，他表現得很低調，也絲毫沒有官架子，只是因為他的官職讓大家在熟悉之外不免多些敬重。也不知他是為了表現親和、想跟大家拉近距離，還是想熱絡現場氣氛，幾杯酒之後當有人開始談論政壇一些人事時，他也開始說些小八卦，透露一些跟他工作有直接或間接往來的官員私德。

他的聲音很好聽，字正腔圓、音調平和，帶著笑容的臉總是輕描淡寫的，可是每一條八卦都足以讓人推翻對當事人的原來形象，是否屬實不得而知，反正八卦人人愛聽，有時講到同一個人還有人加入聽來的其他八卦時就更熱鬧了，這種說長道短的閒聊，無從求證也不必當真，反正信者恆信、不信者也可以不信，因為誰都不可能有機會去查證他說的那些人物。

過程中他曾經兩次模仿一位形像品德都非常正面的官員，如何在辦公室用三字經發飆的樣子，大家很好奇的追問實際情況，他依然氣定神閒，但三字經一次也沒省略的把細節重複描述，我不知道他是在炫耀自己可以那麼近距離的接近那位大人物，連這麼私密的小節都對他不避諱，還是他本來就喜歡用這種方式調侃，只能說這麼不顯山不露水的手法，若想毀人於無形，還真是箇中高手，因為不會有人質疑他，而被他批露私行的那個人，卻有可能讓人對他改變印象。

生活中我們常以一個人講話的口氣和做事的態度去將他分類，有謙和仁厚的、當然也有伶牙俐齒的，都是在語言表達時給予外人的形象，粗俗與氣質往往只是一線之隔，用這種片面印象去分類一個人未免武斷，畢竟容貌、學識、職位、成就都是表象，外在條件好的容易博得好感，但品德是否與言行一致卻未必，做事可以從大處著手，看人最好從小處觀察。

古人以「蓋棺論定」去定位一個人的是非功過，就因為只有死人的言語行為才不會再變，一般人的表象與真相兩回事的大有人在，外貌溫馴、話語婉轉的人容易博得信任與好感，而貌不出眾、說話直接的人比較吃虧，他如此不露痕跡的爆料，雖是茶餘飯後閒聊的笑話，其實殺傷力並不小，至少被提及者的形象當下是被潑糞了。看他面不改色的聲調表情，顯然是滿足了大家的好奇，而我聽著他的話、再看著他的容貌，忽然有種無法重疊的錯覺，後來再聽他繼續談到其他人一些都不是很正面的八卦，雖然說得精彩，但那不慍不火、不急不徐的語氣，腦海中忽然跳出玉面殺手的形象來，儒雅卻深藏不露的城府，不知哪個才是真實的他。

有位美食家朋友約大家吃飯，憑她的名氣，店家給我們安排了包廂，吃的菜跟菜單上的不同，有她在，菜色、口味、份量都非常到位，席間主廚和老闆還特地過來打招呼，對她更是非常客氣尊敬，希望得到她的點評，飯後還上了一盤特別用心擺盤的高檔水果，美食家對店家讚賞了幾句，然後順手掏了幾張鈔票說要付錢，老闆忙揮手說，能請到她來品嘗很不容易，就是請她來指導的哪能收錢，然後就出去了。後來美食家跟大家說：「我從來不白吃人家的，今天這菜錢我們還是要付。」可是沒有帳單怎麼付？美食家說：「上的都是好料不能讓人家賠錢，雖然店家說不收錢，大家還是應該付。」她分配我們五個人一人二千，另外給主廚二千塊小費，所以我們一頓飯吃掉一萬多。

不過是一般餐館，雖然清蒸魚用了七星斑，炒牛肉用了和牛，炒飯有烏魚子，雞湯加了花菇和火腿，但餐費還是偏高了些，有人輕聲的說：「要不要請老闆把菜單和帳單拿來算一下比較好？」美食家說：「那些菜都是專門幫我們做的，真要算可能還不止，是店家半請半送的。」最後大家的錢收齊了還是美食家拿去塞給老闆的，說：「一點小意思，不能白食，不收錢下次都不敢來了。」

她下次還來不來不知道，至少我們五個應該沒有人會再來，大家還納悶我們吃的菜跟他們賣的菜單不一樣，能對店裡的生意有甚麼幫助？

4／圓融是另一種鄉愿

人在社會行走，無論做人或做事都不可能讓所有人滿意，你是好人，就有壞人討厭你，你是壞人，就有好人討厭你，而且只要牽涉到利益，即便你以為的退讓可以顧全大局，還是會落個「順了姑情失嫂意」的下場，很難周全。

人還是要自私的先考慮自己的立場，如果您的作為沒有影響或妨礙別人的利益，就不要怕得罪少數人的好惡，如果別人的行為傷害到您的底線，也不必顧及因此失去別人的好感而妥協，這世界沒有誰欠誰，誰不能沒有誰，再痛的傷害都會結痂，再好的感情沒了、斷了、離了，時間都能修復，留住記憶中的好，甩掉讓你不愉快不順心的爛人爛事，只有自己開心、自己好過才是好，外人都只是生活中的偶遇、生命中的過客。

●幫忙沒有應該

住家的地下一二樓都是停車場，建商當初預留了一塊比較寬敞的倒車空間，還有沖洗停車場的水龍頭和排水道，方便清潔工清洗環境的時候用。有一天，鄰居看到我在地下停車場接水管用洗車噴頭洗車，說我真會省，我說是因為外面洗車要排隊我嫌麻煩，還不清車廂，如果細清除非送去打蠟，感覺好像沒必要經常送洗，因為前一天經過一個水窪，右側車廂噴到些泥漿，所以就自己洗洗算了，順便可以把裡面的腳墊清一下。她看我用的噴槍很好用，還問我在哪買的，因為用了很久我都忘了，反正不常用，跟她說如果她需要，跟我借就好。

後來有個週一的下午，她來按鈴問我吃過飯沒，我剛好收拾完，以為她要進來坐，結果她說只是想跟我借那個洗車的水管和噴槍，我拿給她，但怕她不會用，就跟她一起下去停車場，當我看到她那台高級的賓士車時嚇了一跳，外面都是雨水刷過留下的灰塵不說，車廂裡面全是帶著泥漿踩過的腳印，坐墊、椅背、扶手都很髒，好像有飲料打翻過的痕跡，忍不住說：「車子開去哪了，怎麼搞得這麼髒？」

鄰居太太一下像被怒火引爆似的開始怒罵起來，「就載了一群動物啦」，原來她先生的叔叔娶媳婦，她跟先生去吃喜酒，先生的叔叔為了排場跟他們借車接送親友，說他們的車比較氣派、有面子，本來她先生還幫忙接送了幾趟，後來先生的堂弟說要親自送新娘的父母和兄嫂，就跟他們借車自己開，還順便帶他們去附近玩了一趟，偏偏中途遇到下雨，結果車子交回他們手裡裡就變成這樣了。

鄰居太太氣呼呼的說出經過，我還調侃她：「誰叫你們開這麼高級的車，像我開國產車就不會有人來借了。」她說：「如果妳有這種親戚，摩托車他們都會來借。」不過坐個車能搞得這麼髒，真是誰看了都會生氣，她說本想送去洗車場整理的，實在看不下去就自己先沖洗一下，不然讓洗車的人看到都覺得丟臉。

沖掉外面的泥漿發現右側的門邊還有擦傷的痕跡，右後方的鈑金也有點擦傷，等她收拾好髒得離譜的車內，發動引擎才發現油箱見底了，車開到沒油也不去加，明明去的時候油箱是滿的，她氣呼呼的又怒罵了幾句，看來這幾天她先生有得聽她牢騷的。

親戚是介於朋友跟親人之間的關係，都有自來熟的特質，關係遠的可能不常見，也可以不來往，但同宗的即使不常見也不能裝不認識，借車借錢這種看似小事，卻最容易牽扯敏感的往來，想拒絕需要高智商，處理不好不是得罪人，就是自己憋一肚子氣。聽說她先生的叔叔家自己也有車，只是沒他們的氣派，才想著借他們的車擺排場，也許借的人覺得是自己人應該不會在乎，卻忘了再親的人也有底線，看來這下他們的親戚關係要開始結冰了。

社團裡有位熱心的大姐，很喜歡幫大家團購各種食品，因為品質好又便宜，所以反應很熱烈，除了各種用品、食品，還有不同產季的水果，例如釋迦、水梨和柳丁，每次都至少團購百斤以上，她覺得這樣也能間接的幫助小農，所以每次當水果送到的時候，她就叫有預定的人去她家取，她都是當著大家的面拆箱，讓大家當場看貨、取貨，表示自己沒有先挑。

釋迦和水梨都是一箱箱分裝好的，但是拿的時候還是有人比了又比，她自己反而是等大家挑完最後才拿。柳丁寄來都是三十斤一箱，這種標榜有機種植的水果都是從樹上摘下就直接裝箱的，所以大小美醜都在一起，並沒有分級包裝，其實她如果一開始就先每箱平均分成不同重量的等份，這樣每人只要拿自己買的那一份就簡單得多，可她都是拆開後讓各人自己拿袋子裝。

於是買的人就拿著塑膠袋開始挑，一箱沒挑夠再拆一箱，而且來幾箱拆幾箱，然後用體重機當磅稱跟大家收錢，等大家拿走各自訂購的數量後，剩下的才是她的，雖然收到的錢沒有少、數量也沒短缺，但是最後把每箱剩下的聚攏在一起時，卻發現挑剩的都是些小的、醜的，最後還要收拾那些廢紙箱。

謝謝她的固然有，說風涼話的也是有，甚麼最後拿的重量會比較多，那些紙箱回收還可以賣錢，就算貼補服務費，這些話讓她聽得很洩氣，好幾次覺得自己吃力不討好不想揪團了，卻因為她連續團購了好幾年，跟果農都熟了，每次都禁不住果農和社團朋友的請託，所以還是一次又一次的辦，儘管處理方式自己也覺得不妥，但就是拉不下臉請大家自律，看似圓融卻是每次都讓自己不舒服，如果她自己不懂得拒絕，那同樣的情況就會繼續存在，因為沒有人覺得自己受惠，反而是她自作自受。

熱心，可以廣結人緣，但不一定能換到對等的尊重，當您的熱心成為習慣的社交友誼時，便已然成為別人的理所當然，如果對自己的付出覺得委屈，最好的方式是適時的終止，哪怕因此減少朋友，畢竟自己的感覺才重要，別人，就隨緣吧。

以為的愛不是愛

孩子還小的時候我已經在職場，因此他們的所有求學過程，我都是在職場馳騁的職業婦女，雖然也兼顧媽媽的角色，老實說還是不夠稱職的。我盡可能的陪伴也仍然力不從心，我很想在他們有需求的時候幫忙，卻總是沒有時間全力以赴，我能給他們的只有各種不虞匱乏、而且有求必應的物質，我以為我的付出是為了他們更好的未來，其實我給的只是他們習以為常的各種補償。

四十歲之前我從不敢出國旅遊，也沒有自己單獨遊玩過，應接不暇的工作，在我雖掛念卻力有未逮的間隙中，我只能用隨時遠控的方式以各種叮嚀、囑咐、交代、提醒他們日常生活中的各種食衣住行和育樂，我以為的周全卻是他們回憶中不以為然的吐槽，多年後我才知道我不在他們身邊的時候，反而是他們三人最輕鬆愉快的時間。

我的各種安排他們根本沒照做，他們的平安喜樂，我還以為是自己盡責督導的結果，其實他們都是用自己的方式過他們自己的生活。因為忙，我沒時間檢視，也因為忙，我沒時間過問，那時候的日子只要他們品行不出錯就是好，只要健康長大、學習無礙，就是正常前進的步驟，我自以為的愛全部灌注給孩子、給這個家，卻不知在時間的長河中一滴一滴的剝落親情中的體貼，一吋一吋地拉開親密的距離，我們銜接親情的紐鏈是至今我仍甘心付出的各種給予，卻沒有期待中應有的理解與寬慰。

我們都已無法回頭讓一切重新來過，可能我太弱，沒有做好家庭和事業兩全的兼顧，也許我太忙，忘了停下腳步陪他們撿拾成長路上遺落的點點滴滴，慶幸他們總算都已平安長大，讓忐忑的內心得到平靜，已經成家和不想成家的他們以後也會有機會走一趟我的路去體會箇中滋味，讓歲月淘洗出彼此的心平氣和，多一點寬容與坦然，也算是此生緣分的圓滿。

職場沒有朋友

職場是利益廝殺的競技場，利益之前沒有朋友，競爭之下沒有道義，當利益衝突時，應該學會自衛。

在我還經營公司期間，有幾年跟大陸有點生意上的往來，我運氣好，開始得早，而且是他們主動連繫我的，那時候的台灣圖書進入大陸市場還是非常受歡迎的年代，很是順風順水了幾年。

有位同行朋友希望我告知門路，並且引薦他也去開拓市場，我覺得有錢大家賺無所謂，何況以大陸市場的商機也不是我獨家能囊括的。

有一次剛好對方要來兩位採購，我就藉這個機會介紹他們認識，抵達的第一天我請吃飯的時候，這位朋友就在場，飯後他自動攬下全程的接待，說是男人開車比我這女人方便，體力好、交通路徑也熟。

一直到對方離開的最後一天我才再見到兩位客人，他們對那幾天的行程安排非常滿意，不但事情辦了，我的同行朋友還幫他們安排了一些短程旅遊，不過他們來之前本來有安排的其他業者，曾經打電話問我客人的行蹤，因為他們不知何故被取消了見面，我悄悄問朋友，他說行程太滿來不及安排，客人聽他解釋也覺得無所謂就不去了，餞行宴的時候這位朋友也來了，有始有終的參與了全程，餐費都是我付的，但是離開的時候還是由他送回酒店。

他的進展很快，聽說這趟回去後，他的產品也開始進入對方的採購名單中，但這之後我跟他幾乎沒有再聯繫，反正生意各做各的，過了幾個月，我去出席對方的社慶活動時，發現他也在場，隔天我去對方辦公室討論行銷的事，正好對方的最高主管說想見見我方的領導，他們所謂的領導就是老闆的意思，我剛要轉進會客室，見他站在門口，他說有事想單獨談，讓我等他談完再進去，接待我們的朋友帶我到別處休息，等我問起時間要過去的時候他們說主管還有事已經走了，那次之後對方和我們公司的採購量逐次降低，還出現殺價的要求，我很不高興地拒絕，那位同業也沒告訴我他的報價，而當我從別人口中知道他的大陸通路做得非常紅火的時候，我沒問他怎麼回事，只想到一句成語：「引狼入室」。

作為公司的老闆，跟員工的關係必須定位在下屬，這是一定要界定的分寸，不要以為仁厚可以拉平距離，親和可以換取尊敬與認同。

公司女員工的年齡跟我的女兒差不多，有的還小些，其中有從南部上來北漂的年輕女孩，我格外想照顧她們，因為這些女孩會讓我想起年輕時候自己吃過的苦，受過的難，我一定要讓她們能安心的工作，至少溫飽沒有問題。我很幸運，遇到的大都是純樸善良又認真的孩子，她們的年資都在十年以上，所以即使在我得到癌症的時候，都想盡力維持公司的正常運轉，免得因為我而使她們的工作受到影響，即使整個市場開始不景氣的時候，我也只是用遇缺不補的方式應付。

有一位來自中部的客家女孩，個性非常內斂，平常話也不多，總是靜靜地做著她份內的工作，跟她配合的另一位比較年長的編輯，因為家庭因素離職後，原本兩人一組的她便沒有固定的工作項目，只是機動的幫忙另一位編輯，因為當時的市場行情已經日漸萎縮，我也已經有收編的打算，但考慮到她的年資以及她的處境，我還是讓她維持正常的上下班。

有一天她請假去看病，她的工作本來就不多，而且她除了休假，平常很少請假，所以當她第二天告訴我身體好像有不太好的症狀時，我建議她趕快到大醫院做詳細檢查，於是當即續假離開。

結果檢驗出是子宮內膜癌需要手術，於是接下來請了一個月假住院治療，她不在一點也不影響公司的業務進度，我去醫院看她的時候也跟她說不用擔心好好調養，在此之前她已經有一年八個月是完全閒置的狀態，所以她不上班完全對公司沒影響，本想問她要不要停薪留職好好治療，但是她自己不提，我也不好開口。

一個月後，她跟我說因為要繼續治療、調養，所以又請了一個月病假，我自己也生過病，知道後續的治療不是短時間能完成的，所以還是同意了，可是在她第三個月還想再繼續請病假的時候，我婉轉地問她要不要辭職好好休息治療，前面她請假的兩個月薪資是照領的，可是如果還是繼續請假，加上她前面長期的閒置，老實說公司的人事管銷是個大負擔，我讓她回去考慮。

沒想到一個月後我收到勞工局的公文，她竟然告我剝奪工作權，還要求賠償，我非常驚訝一個平日寡言內向的女孩會用這種方式訴求，協調會上她的姊妹代她發言，除了列舉她對公司的貢獻之外，還提出各種法規要求金錢賠償。因為協調會之前我已經看過她的投訴，所以準備了所有資料，一一說明反駁，並表明公司沒有義務長期保留沒有實質貢獻的冗員，她的做法已經辜負了我之前對她的寬容，於是當下拿出經會計師核算的金額支票，以資遣方式處理，她有點錯愕，仍說不想離職，可是這麼扭曲的人性已經讓我沒有繼續寬宥的耐性了。

做人不想過分是因為還抱有尊重，做事不想太絕是還想點留餘地，但有人就是可以踐踏別人的寬容，利益當前，自私真是可以讓人現形的照妖鏡。

5／試問情為何物

有位早已年過半百卻依然未婚的朋友，年輕時曾經與她的已婚上司有過一段大家都知道的愛情故事，也許是那個男人對她說過只有她信、別人都不信的誓言，她便一輩子痴等著以為可以守得雲開見月明。

不知是甚麼樣的承諾可以讓一個女子無怨無悔的這樣守候，也許一開始心無雜念的信任是愛情最純淨的等待，也許是一路行來已無回頭路只能自欺欺人的繼續走下去，不知她可曾懷疑過自己始終執著的愛情有幾分真實？還是根本不存在過，只是自我催眠？

愛情沒有對錯，只有信與不信，外人看來的不值卻是她心中的執念，以為守住那方淨土便是永恆，而那個渣男在多年後是否還記得那些承諾，怕是今生無解來生也未知吧。世間的愛情大多是虛幻的夢囈，即便存在於當下，也未必長留心中，就連徐志摩、郁達夫那樣的才子，各自幾段轟轟烈烈的愛情，開始時哪一段不是發自肺腑的真情？又有哪一段能心無愧疚的食言？

愛情是每個人一生都有過的憧憬，都希望此生能遇到一個真愛的人、對方也能和自己兩情相悅，然後圓一場愛情的美夢。

青春年少時的愛很單純，因為年輕，沒有壓力也沒有負擔，以為眼前滿溢的愛就是所有，其實年輕時的愛只是一種喜歡，是彼此在晨霧摸索中編織的夢想，起心動念的情愫可能只是對方讓自己心動的儀表，當霧氣散去才發現這樣的愛只是當下的錯覺，而後因為各自前進的路途不同，分道揚鑣成為必然，於是愛的微光慢慢消失在旭日中，唯美卻短暫，以為的浪漫只是一場春夢。

成人世界的愛情除了愛都附帶了條件，顏值雖是讓彼此建立好感的第一視覺，而學歷、工作、事業、家庭背景、性格品德才是建立情感後需要逐步考量的評比，只因愛就走入婚姻的固然有，但更多是對未來的期待和承諾，殊不知在婚姻的領域中，愛的比例微乎其微，所有的海誓山盟、情深意濃只停駐在婚前。

婚姻是一場不到結局不知輸贏的賭注，手中的籌碼有多少，決定你在婚姻中的勝算比例，在這場名為婚姻的賭局中，養兒育女、工作事業、各自的家世都是你的莊家，而作為博奕對手的夫妻，則是鬥智鬥勇的老千。以前說男人的成就是：升官發財死老婆，如今升官發財即使老婆不死也可以換，等不及的就先搞小三，離婚的理由可以用一句性格不合即囊括一切。

每次在談話節目中看到不同職業的妙齡女子，分享與自己男友共同生活的各種情節，那種泰然自若的神態，讓我驚訝的不是現在女人的敢於自白，而是同居不再是沒有婚姻者的禁忌，沒有婚姻之名而行婚姻之實，在以前是傷風敗俗不見容於社會的醜行，但現在的年輕人如果到了婚齡，還沒有過同居經驗反而才是另類吧？

無論男人或女人，在結婚之前對異性的各種表現都是有保留的，要不是親密接觸的近距離觀察，很難發現對方的性情與品德，只有在同居期間過著如同夫妻的家庭生活，彼此才會不設防的露出本性，也才可以考量要不要進一步的落實婚姻，還是適時止損。同居沒有誰賺誰虧，只有更清楚的知道對方適不適合，同居是一個試鞋的過程，如果不合腳還要勉強穿，後來的更多磨擦只能說是自作自受。現在的女人都勇於挑鞋，而不是在乎是不是有鞋穿，她們的底氣來自能獨立養活自己的經濟能力和事業。

男人之所以婚後還搞婚外情，無非是事業有成、地位提升、財力雄厚就自我感覺良好的忘我了，當人脈廣了、眼界寬了便不甘糟糠妻的平庸而覺得乏味，以為自己騰達後的身價應該有更年輕漂亮的女人匹配。

老婆厲害的就外面搞小三，能扳倒老婆就離婚換妻，選擇新對象的理由無論是心靈相通、還是相見恨晚，其實這種人換了誰都一樣卑劣，遇上這種男人要做的不是哭鬧，更不是細數自己的犧牲奉獻，別想再用往日恩情、曾經有過的甜蜜去喚醒他的記憶和良知，當他決絕的要離開，便已經情意全消了，還不如冷靜的清算自己在人、財上應得的補償，然後平心靜氣的成全他離去。

外遇的男人無非想從年輕女人身上印證自己的魅力，用社經地位、高知名度、高收入這些光環掩飾他變形的身材、不再年輕的神采、已經出現皺褶的容貌，何不冷眼看他經得起幾年耗損？其實老妻才應該慶幸不用擔心還要繼續照顧他萬一老後出現的各種病症要服侍湯藥、端屎端尿、拍背翻身的苦力活，即使年輕時曾經有過的美好，就讓它塵封在記憶裡，讓時間定格在某段歲月中，變質的愛情不過是神話，不能善終的婚姻都是鬼話。

多數的婚姻都是平淡的柴米夫妻，世間的男女只是平凡的人間煙火，婚姻中沒有你儂我儂的愛情，只有生活裡的各種雞毛蒜皮，彼此的互愛互諒已然是婚姻路上的街景，不用否決愛情的美好，只是不同年齡清醒的方式不同而已。

世間的情不只有愛情，還有情義的親情、道義的友情，就連陌生人都有互助的溫情、舉手之勞的人情，人的一生不可能接收都是好的情，如有，就開心享受得到的各種情緣，得不到的就祝福，失去了就放手，若非相欠、今生不見，聚散都是一場緣起緣滅，您愛的、您恨的，和愛您的、恨您的，來生都不會再相見。

第3章

老的路上你我他

有一次在聚會中看到一位晚到的老先生頂著滿頭白髮，還微駝著背，巍巍顫顫的走過來，問了旁人，知道正是我認識的那個人，不禁說出：怎麼老成這樣？印象中他是行止很瀟灑倜儻的，結果旁邊一位朋友淡淡的說：有人就是自己不照鏡子，只看見人家老，都不知道自己老。也是，其實大家年齡都差不多，從他們臉上、身上看到的容貌、動作，再反觀自己在別人眼中，應該也是一樣的吧。

1／人老只怕病來磨

都說人生七十才開始，事實是開始衰老、開始生病了。

多數在此之前還算健康的身體，不知甚麼時候居然就檢查出三高了，原本都耳聰目明的，開始聽不清楚別人小聲說話了、看書報的眼睛也漸漸模糊不清了，於是身邊的熟人一個個都開了白內障，植牙、換假牙的都只是小毛病而已，還有裝心臟支架的，腦血管阻塞的、洗腎的、關節打鋼釘、髖骨開刀的，各種病症的醫學名詞，只要老了很快就都學會了。

都說人老腿先老，我最先感覺自己老了，也是從雙腿開始出現痠痛無力，走不久就開始不舒服，多走些就會出現筋膜炎、抽筋的症狀開始的。一度上下樓梯都顯得吃力，也因為這樣使我更不喜歡外出、更不想參加需要走遠路的活動，頂多是到公園去慢走，偏偏只要遇到氣溫太高、太陽太大，或天氣太冷、太陰的時候，又成為我連慢走都不去的理由，所以運動健身這方面我是不及格的。

除了走不了遠路，上下樓梯或跑步都會喘，幾乎懷疑自己是不是有骨科或心肺方面的毛病，因為曾經有過乳癌的病史，更讓我稍不舒服便草木皆兵，所以經常去掛號看各科門診，可是當所有檢查都正常，我還是有各種不舒服的時候，有位醫生很正色的跟我說：「妳老了啦，這些不舒服都是體能退化的正常反應。」原來只要年過七十，各種老化都是正常的。

人的體力在不同的週期中邁進，從三十開始進入生命的黃金期，也是事業的衝刺期，只要有能力、有機會都想抓住，然後勇往直前，為名為利的夙夜匪懈，衝上五十是事業和體能的顛峰，只要健康沒有意外、發展沒有挫折，到了六十之時就能順風順水，開始收穫辛勞換取的物質生活了，此時只要財力許可，房子越住越大、車子越換越新、衣食無缺、順心如意。

但六十之後卻是開始充滿變數的另一段旅程，之前有多辛苦，身體就有多耗損，收穫財富的同時，健康也在默默的耗損中，老，不會是瞬間到來的，而是不知不覺中的變化，生活中開始被自己的動作、病痛，提醒著正在與老化的各種跡象接軌，正一步步走入老的境界中。

動作不再俐落是我首先無法接受的轉變，年輕時哪怕同時做幾件事、進行幾個動作，都能快速又準確的完成，後來發現切菜時會因瞄不準而撒落，舀水倒水時滴得到處是，加調味料的時候還沒放入已經撒出，以前可以單腳穿褲子或穿襪子的現在不行了，以至常常一邊修正一邊跟自己生氣。

老人會因為咀嚼能力變差，吃肉塞牙、喝水嗆到、堅果嚼不動、火候不夠的菜餚無法下咽、太硬的不敢吃、太軟爛的容易噎，吃飯掉飯粒、喝湯容易撒，用餐速度也變慢，為了不影響別人，漸漸不願意跟年輕人一起吃飯，在家也不想跟晚輩同桌。

因為反應變慢；以致走路、上下樓梯，不再手腳俐落快步而行，而是小心翼翼、穩踏穩走，為的是怕跌倒。摔跤是老人的大忌，因為老人的骨骼脆弱，萬一跌倒很容易骨折，即使不外出在家，也依然有滑倒和碰撞的危險。

健忘更是老人的通病，總是丟三落四，煮東西忘了時間而燒焦、拿在手上的東西轉身就忘了放在哪兒、正做著的事一離開就忘了繼續，都是常有的事。

因此老人之間互相流通一句出門提醒的口訣，諧音是「伸手要錢」，伸指的是身分證，包括健保卡、信用卡，手是手機，要是鑰匙，錢是錢包，出門前唸一遍、提醒自己帶齊，免得給別人添麻煩、給自己找罪受。

我自己除了奉行這四字口訣之外，還會在常用的背包內放置一個小皮夾，裡面放一點紙鈔、一支備用鑰匙和一張寫有個人和緊急聯絡人的資料，不怕一萬就怕萬一。

2／保險 投資 停看聽

每次在壽宴上聽到對高齡老人祝福「長命百歲」「呷百二」，我對這樣的祝福並不認同，姑且不論老人長壽未必能帶給家人幸福，其實對老人又何嘗是好事？想想如果只是一口氣還在，但是其他生活都要仰賴別人的照顧，加上早已耳不聰、目不明、行走不便、飲食無味，萬一再有其他病痛在身，例如癱瘓或失智，對家人或老人而言都是一種折磨，誰不想健康？誰想有病痛？可是人老了，會面臨怎樣的處境，真的無法預料。

我的父母離開的年紀都在九十五歲左右，可是他們都在八十歲之後便中風和失智，導致有很長一段時間需要靠晚輩的照顧才能生活，可是仍然無法避免越來越衰退的體能，到後期幾乎癱瘓在床，起來也只能靠輪椅，我很害怕遺傳這樣的基因，他們老了病了還有我們這一輩的子女照顧，萬一我同樣病了癱了，我的下一輩可沒人手可幫，所以才說如果不能健康的活著，我寧可不要長壽。

我是從貧困中走過來的，一直靠自己的努力賺取生活中的食衣住行，即使結婚也沒有靠丈夫的金錢換取富裕的生活，所以我對金錢一直有不安全感和積極賺錢、存錢的心態。

年輕的時候因為住家離郵局很近，所有金錢往來無論是存款還是提款，互動最多的都是郵局。那時候郵局裡面有一位櫃台人員，因為常接觸所以很熟悉，有一天傍晚我剛回到家，她就按我家門鈴來找我，說是希望我投保他們的郵局保險，幫她做業績，因為金額不大，所以我就同意了，隔了兩個月她又來找我，我還是投保了，當時郵局辦的都是儲蓄險，每個月繳交保額的固定費用然後到期領回，我那時候的工作很忙，她很貼心的幫我辦年繳、而且由存摺扣繳，這樣我只要保持帳戶內有足夠扣款的金額就好，並不麻煩。

這位郵局小姐好像對我的財力非常清楚，所以每隔一段時間就來叫我投保，只要我同意她就會幫我把所有手續都搞定，非常熱心。我的保單最多的時候曾經有四張，每年保費將近百萬，而且每張保單的繳款日期都很接近，我漸漸覺得有點吃力，她就教我開立零存整付的帳戶，只要每個月從存摺扣一筆錢，以一年期為準，只要到期正好銜接保單的扣款日，這樣就不會因為一下子要拿出一大筆錢而頭大了，我也照她說的開了四個零存整付去作為支付保單的金額。

雖然她拉了我這麼多的保險單是為了她的業績，但也因為她的鼓動和建議，讓我靠保單存下不少錢，那時候的郵局保單利息很高，而且都是六年的短期保單，不知不覺一個輪迴就到期了，她也會將每張保單的日期記得很清楚，只要快到期她就馬上提醒再辦一張新的，然後到期領到的本金如果我沒有別的用途，她就會叫我存定存，或者每年的保費就由這些到期的基金支付，這樣萬一收入沒有那麼多的時候，也不怕繳不出來。

其實我還滿感謝她的，因為這樣的保險讓雙方都受益，也沒有風險，正因為她的指引才讓我後來有買房子的基金，比起一般銀行的各種理財保單，我覺得郵局保險還是值得一試，可惜現在這種短期而且高利息的儲蓄險沒有了，再看到的都是保期更長、金額更高、利息不是很優惠的，加上退休後財力不足，所以到期後才都沒有再繼續投保。

其實坊間各種保險的保單很多，無論是來自銀行還是保險公司的保險人員，甚至親朋好友中只要有從事保險工作的，他們都會主動出擊，用各種方法推薦各種名目的保險。

保險的目的本來就是在自己健康平安的時候，投入一定額度的金錢，以防萬一遭遇意外時能夠得到保障，不過保障越大、投保的金額就越高，而且多數的投保者都不會細讀保單的每一條條文，那些密密麻麻的內容都是靠保險員的簡單說明而已，萬一保險員不夠專業，或解說不夠清楚，一旦投保後都必須按期繳費，直到期滿。

萬一當初的保險員離職，後面接手的又都會再給您建議追加不足，以致保費越來越高，是否值得？包括期滿能領回多少？中途生病或死亡，能否得到合理的賠償？萬一解約，除了手續複雜不說，扣除各種解約折扣及手續費後，領到的金額往往比您交出去的少。

老人如果想投保，更需要好好規畫，除了衡量自己的健康狀況，也要考量自己的財力是否足夠承擔，畢竟老人的保費是比較高的，最好找專業人員和有口碑的保險公司，問清楚保單的保險範圍和內容，要不要保、怎麼保，多聽建議、多比較，也要讓家人參與再決定。

3／退場 只為成全

朋友的媳婦臨近生產期，她也剛好退休，就自告奮勇的想去幫媳婦坐月子，剛開始是白天去、晚上回自己家，兒子的房子是他們男方買的，她也有一份鑰匙，所以不覺得是擅入。

雖然當初買的房子是二手屋，但也裝修過，可是兩個年輕人住進去之後，馬上改裝成他們自己喜歡的風格，她看覺得像咖啡廳似的，擺了各種裝飾品，媳婦懷孕後大概沒體力收拾，隨手放下的衣服用品到處是，她每次去，只要看不慣就幫他們收拾整理，雖然房子能幫他們搞乾淨整齊，但還是看不慣兩個人的生活習慣，而有一堆自己的意見。

兒子媳婦白天都上班，平常不煮飯就外面吃或點外賣，垃圾桶經常有幾個手搖飲的空紙杯，她忍不住一番說教，甚麼那些食物不健康、不營養、對胎兒不好之類的話，好幾次瞥見媳婦瞬間翻白眼的表情，兒子私底下跟她說不要一直挑剔媳婦，她只能閉嘴。

在產期接近前，她趁兩人上班的時候把嬰兒用品全部拆開來清洗、消毒了一遍，看到用品的標價嚇了一跳，當兩人的面說小孩長得很快，不需要買這麼貴的，媳婦先是說一分錢一分貨，小孩的東西雖然貴但是品質比較安全，有一次她聽到媳婦在房間跟她兒子說：「可不可以叫妳媽不要管那麼多，又不是用她的錢買的！」她自己也給小孫子買了些小衣服、小被子甚麼的，可是媳婦嫌不好。她那天洗的時候沒看見就問了媳婦，媳婦從櫃子裡拉出來，整袋交給她，還說不用洗了，夠穿了，妳不是說小孩長得很快？意思就是不想穿她買的。

她剛去了一星期媳婦就生了，是個小孫女，她沒有重男輕女的觀念，孫女也一樣好，正想問媳婦的口味，想著接下來好幫她準備月子餐，結果兒子告訴她，他們要去住月子中心，而且已經訂好了，再一問月子中心的價格是十八萬，她瞬間傻眼，半天說不出話，她跟老公電話中抱怨，老公勸她不要管太多，年輕人由他們自己決定就好。

看起來小倆口的生活並不需要她幫忙，乾脆收拾收拾後就回自己家了，可是一肚子氣還是忍不住跟朋友說了又說，這種事不只是當婆婆的會遇到，當媽媽的也會遇到，只是每個人的情況不同而已，不過罵完還是了包了二十萬給兒子，免得讓女方家說他們不聞不問。

小孫女滿月後媳婦請了三個月的育嬰假，恢復上班後年輕人直接將小孫女送去育嬰中心照顧，說是怕她太累，其實是嫌她的老式育嬰方式，從此兩老根本插不上手，真正成為退居幕後只出錢不能出意見的老人。他們偶而回來像探親似的，一家人一起吃頓飯然後就回去了，為了不讓兒子為難，兩個老的甚麼也沒說，想著只要年輕人好過，就別插手、也別提意見，不如兩老輕鬆過自己的日子。

年紀大了確實不適合參與年輕人的生活，雖然是自己養大的兒女，但當他們已經長大成人，就有他自己的想法和生活方式，何況成家後又加入了另一個要跟他生活一輩子的人，他們心裡已經沒有太多容納您的空間，如果硬要彰顯您的存在，只會讓彼此的家庭產生更多的矛盾。如果您的兒女偏袒您，勢必讓他們的另一半抱怨而產生齟齬，如果冷落您，老人不過是失望而已，只要換個思維讓自己放手、成全年輕人的圓滿，就可以換來兩個家庭的安寧。家不是講道理的地方，愛不是要求公平的秤砣，父母對子女永遠只有成全和讓步，至於他們怎麼做怎麼想，那不是老人應該衡量的重點。

無論是獨居還是有老伴，不跟已婚的兒女同住大家都自在，是現代老人的覺醒。除了年輕人跟老人的作息不同，年輕人如果有他們安排的各種活動，有老人是累贅，即使同住一屋也很難交集。

獨處也許寂寞，但子孫同住衍生的問題更多，女兒有婆家要打點，兒子媳婦有自己的主張，老人要是總希望他們都在眼前，還喜歡問長問短，絕對是討人嫌的！所以最完美的相處是一頓飯的時間，最友善的距離是半天的功夫，女兒嫁了、兒子娶了，就不要再當自家兒女看待，那是別人的老婆、人家的丈夫，只能當客人，只有不多話、不過問、裝聾作啞、睜隻眼、閉隻眼，親情才能延續得久。

有一天，我把自己做的幾罐醬料送去給住在附近的朋友家，很久沒去，進門後發現她家變得寬敞很多，但是想不起來跟以前來過的印象有甚麼不同，就隨口說了句：「妳家客廳怎麼感覺變大了？」她說：「妳沒發現我少了甚麼嗎？」我想不起來，因為很久沒去了，她說：「我把神明桌搬走了。」是喔，我忽然想起來了，原來放神明桌的位置換成了一張矮櫃，上面鋪了一條漂亮的桌巾，還擺放了一些瓶罐和一盆插花，少了以前那台巨大的神明桌，空間和高度不一樣後，光線也明亮起來，客廳顯然也粉刷過，她說前些時候整個房子都簡單的整修了一下，雖然是老房子，經過整修也有煥然一新的感覺，我問她那牌位呢？她微微的聳聳肩淡淡地說：「送到廟裡去了。」

她是我認為非常好命又好脾氣的女人，丈夫的事業很有成就，高收入、高職位，可惜前兩年生病過世了，她有兩個兒子一個女兒，大兒子在加拿大工作，小兒子在科技公司上班，排行老二的女兒住在南部，他們都已經結婚、都有自己的家庭和子女，她也算是任務完成、沒有任何罣礙、可以安享晚年了。

國外的兒子每年都會接她去小住幾天，帶她在當地的景區觀光遊覽，她偶而也去台灣的小兒子家看看孫子，但一直獨居在自己的老房子裡，過年過節除了大兒子一家比較不方便之外，兒子女兒都會回來看她，這種生活、這種兒女待遇，真是太讓人羨慕了。

可是她一直放心不下家裡的牌位，擔心她走後誰來拜？她去大兒子家的時候曾經跟兒子說過他是長子，應該把牌位放在他家，可是兒子覺得不方便，他們生活的環境沒有人在家放牌位，媳婦是在國外長大的，直接說他們不接受這種老舊的迷信，果斷回絕。於是去小兒子家的時候，又試著跟小兒子夫妻說牌位的事，小兒子還沒開口，媳婦就說我們家雖然夠大，可是擺個神明桌能看嗎？小兒子家是漂亮的西式裝潢，而且格局都固定了，且不說增加一台神明桌很突兀，就算重新安排空間也很麻煩，何況安放牌位是要看方位的，無論放在哪個位置，對整個房子的格局設計都是破壞。至於女兒，是嫁出去的，娘家牌位的事輪不到她。

想到從她進入這個家就一直存在的祖宗牌位、神明桌，沒想到兩個兒子都不願意接手拜，一旦自己老死後恐怕連個安置的地方都沒有，心裡總是懸掛著，她不知道萬一她走了他們會怎麼處理，她大媳婦就說過對著幾塊木牌焚香燒紙，根本就是迷信，她跟女兒嘮叨，沒想到女兒勸她不如把牌位送到佛寺去安放，每天還有人念經，比她初一十五才上一次香、逢年過節才拜拜還更庇佑。

兒女都花了很多時間跟她溝通、說服，女兒還幫她打聽到離家最近、地點環境都不錯的一家寺廟，最後那張神明桌終於從家裡搬了出去，以後想拜就去寺廟拜，從此空間和時間都充裕了。

她能想開、願意接受也算是明理，拜拜本來就是一份心意，她的兒女不是無情，而是用理智的心態去看待祭拜這件事，無論是祖先還是亡故的親人，世間的情緣結束了，將思念感恩在心，用另一種方式追思也是情感的延續。

其實她的兒女還是孝順的，比起有些生前不孝養、死後即使有神明桌也未必誠心祭拜的後人，拜拜真的只是形式而已，她願意在自己還沒有那麼衰老之前，接納子女的建議，讓他們輕鬆、自己也放鬆的方式處理這個問題，是所有老人都值得學習的心智。

4／花錢 不要當肥羊

老人對各種保健品的接受度，是這個行業的最大客群，尤其各種電台的藥品推銷，老人都是最容易被說服的，老人之喜歡買藥，有一大部分原因是受到關懷造成的信任，當自家子女忙於自己的工作和家庭，無暇時時顧及老人的孤寂時，通常都會買各種營養品作為照顧與關懷的替代品，而那些以販售各種保健藥物的地下電台又最能掌握老人的心理，不時的用電話問候和閒聊的方式表達關心，只要老人稍加抱怨身上的小病痛，他們就會及時建議各種有如仙丹般療效的藥材，金額也會從他們勤於探問中掂量出老人財力的情況下不斷推銷，至於那些藥的效果如何就不得而知了。

領有退休金的老人，或是兒女不時會用金錢盡孝的老人，手頭都比較寬裕，一般稍有見識或知識程度比較高的老人，通常比較不會去購買電台推銷的不明藥物，但對電視廣告的知名品牌或是進口保健品，無論是各種維他命或是針對某種機能保健的藥品，老人的接受度還是挺高的，聽下來好像每個人手上都有幾種保健品在食用，至於療效，各人的心得不同，應該是心理作用大於治療效果吧。

我請教過醫生那些標榜可以強化骨骼、治療痠痛、治療頭暈、治療心悸、治療關節等知名藥物的實際功效，醫生的回答都說那些是保健食品，不是治療藥物，想吃可以，但不保證療效，意思是會退化還是退化，會痠痛的不會吃了就不痛，有病還是要靠處方藥物治療，我本來就不喜歡吃藥，何況任何一項保健食品都不便宜，有電視廣告的更貴，所以不會去買，可是朋友中喜歡買保健食品的很多，有時還會拉大家一起買，說是有折扣，類似直銷的概念，接不接受每個人有各自的想法。

朋友的女兒有一天晚上打電話給我，問我第二天是不是要跟她媽一起去郊區一個新建成的廟郊遊，我說是啊，一起有四個人，她媽是其中一個，她很慎重地拜託我們勸她媽不要一直捐錢給宮廟。

聽她說才知道，我們這位朋友除了每個月固定捐錢給宗教團體之外，平常去宮廟拜拜也都會捐香油錢，她是虔誠的佛教徒，除了初一十五吃素之外，每天早晚還念經、拜佛，我是敬神但對拜拜不懂也不常拜的人，她倒是常常在我們一起出去玩的時候帶我們去一些有廟宇的景點，平常一起出去走走、吃吃玩玩的，大家也無所謂，有時看她捐香油錢，我也會掏個一百元意思一下，可是聽她女兒說她是固定每個月都捐，而且金額都很大，幾千幾萬的給，香油錢更是千元紙鈔。

每次出去，只要是在廟宇的地方吃飯都是吃素，我雖然不喜歡素食，但偶而配合一下也無所謂，還好如果在別的地方吃葷的時候，她也不會堅持非吃素不可，所以大家在一起出遊、吃飯並不會不適應，正因為大家都隨和，所以我們幾個還是常見面也常相約。

因為她女兒打過電話，所以我私底下先跟其他兩位說了這件事，免得談話中她們聽了突兀，通常午飯後我們都會找個地方休息，這次我們三個都很有默契的把話題引到她捐錢的動機上，後來聽她說才知道她真的每個月都要捐好幾千給各宮廟，她自己除了有房子收租，還有政府發的養老年金大約一萬多元，平常子女給的一些紅包、零用金，她也常常捐給宮廟師姐跟她說的建廟、建燒金亭、廂房之類的贊助金，她還得意的跟我們說哪間宮廟的柱子有刻她的名字，還聽說她每年幫家人點平安燈就至少花二三十萬，我們覺得她太投入太迷信了，因為她說的有些宮廟我們都沒聽說過。

可是她不認為自己捐錢不好，她是在幫家人消災解禍、保平安的祈福，說著還從包包裡掏出一堆收據給我們看，有捐香油錢的、有念平安經的，她還建議我們一定要每年幫家人點燈，一個人才五萬，可以保佑一年平安，還告訴我們她那些宮廟有熟人可以帶我們去，也建議我們多捐香油錢，可以祈福避禍！本來是要勸她收斂的，差點被她拉進去，不過我們還是輪流跟她說了很久，勸她減少金額，還有少去一些私人宮廟。

後來聽說那些她所謂的師兄師姐還是會經常連絡她、勸說她捐錢做法事各種名目，我事後跟她女兒說少給她錢，注意她名下的房產，可能的話將那些人的聯絡方式刪除，還好她對手機操作的知識有限，萬一要女兒幫忙的時候就找理由搪塞她，只要減少聯繫就不會被誘導捐錢，然後慢慢疏遠。

我的財力有限，偶而被要求捐獻頂多是一兩百的小額，自己有自知之明還不致於造成麻煩，但是朋友間有時因為保健品勸說加入會員的各種邀約不斷也是滿大的困擾，我只能減少聯絡或直接拒絕，反正參不參加都是得罪人，如果因此做不成朋友，也沒辦法。

別以為只有銷售行為會盯向老人，其實到銀行或郵局存、提款時，偶而也會遇到櫃台人員婉言建議的各種保險銷售，他們會從交到她們手上的存摺中看出各人的財力，現在的保單項目很多，如果是銀行或郵局，至少是正式的金融機關，如果是儲蓄險，可以量力而為，不過是把錢換個地方存放而已，即使利率不高，至少是安全的，但如果是銀行理專建議開立的投資型基金或外幣買賣，投入的金額比較大的時候，相對風險也比較高，對不熟悉的投資最好還是保守點好，除了投資要量力而為，也要謹慎評估。

退休老人隨著日漸退化的腦力、今不如昔的體力，想賺錢大都只能利用手上的老本做些不費體力的投資，例如股票、基金、債券……，在各行業的理專眼裡，老人都是最好下手的人選，只要讓他們知道手上有點錢的，就會有各種不定時的拜訪、電話問候，各種收不完的理財投資文宣，正規的股票、基金、債券，頂多是被套牢或損失點差價，只要不是全部押注，傷皮傷筋還不至傷骨，怕的是禁不住遊說，想賺更多反而慘賠。

年輕時曾聽過、看過、投資某些公司股權可以賺取高利息的招攬，除了自己賺，只要介紹一個人加入，還能獲取紅利，跟老鼠會似的，一個介紹一個，每個投資者手上都有一串人頭名單。剛開始的確可以收到不錯的利息，讓投資者信心大增，而後便食髓知味加碼投注，正以為可以賺更多的時候，就突然崩盤斷線了，別說賺不到利息，連本金也血本無歸，就算政府出面逮到源頭，也只是換幾年牢獄而已，投資者沒一個能拿回本金的。

以前還有私人標會的投資法，就算能善終，過程也是提心吊膽，更別說被倒會引發的糾紛了，現在標會的少了，退休老人也比較沒有急用錢的需要，但是賺取高利息的各種引誘還是有，國內的國外的詐騙金額越來越高，不爆出新聞都不知道有錢人這麼多。年輕被騙，難過完還有東山再起的賺錢體力，老人被騙不但錢沒了，連命都可能賠上，世界上沒有一本萬利的買賣，剛開始的甜頭只是想誘騙您上當、吸引您繼續投資的毒餌，作為老人還是少做發財夢，保護好老本、圖個平安吧。

5／儀容是老人的門面

有一天，在家聽見門口有移動東西的聲音，開門探頭看，發現是大樓的清潔工在打掃公共走廊，我們四目相對的瞬間，他愣了一會，我朝他笑笑並謝謝他辛苦了，過一會他才回過神似的說不好意思吵到我，我當時是一張沒化妝的老人臉和滿頭白髮，心想有那麼難認嗎？

多年前，我的住家對面是一間未改建前的日式平房，除了房舍還有前庭後院，占地面積挺大的，住的是一位很有官階的大人物，每天早晚都有專車來接他上下班，附近鄰居也都習慣這種早晚一次的場景。

直到專車不再出現後才知道他退休了，剛開始沒太注意，有一天遇到大人物跟他太太提著一個簡單的購物袋去買菜回來，那形象讓我嚇一跳，花白的頭髮讓風吹得有點凌亂，蓋在毛髮稀疏的頭上，加上他明顯高齡的臉龐更顯蒼老，兩人穿得都很休閒，衣褲都鬆垮垮的，如果不是知道他之前的身分，眼前顯得有點寒傖的兩個市井老人，本來也不覺得奇怪，只是對比他之前西裝革履的形象，落差真是太大了，可見人老了還是少不得衣裝儀容的裝扮。

我平常如果不打算出門，在家都是怎麼方便怎麼穿，因為要做家事還要下廚，所以都專揀比較舊、比較暗沉色的衣服穿，當然也是完全素顏不化妝的，有一次臨時要去菜場買點菜，本想著去去就回，菜場又離家不遠，於是拎個菜籃、套上鞋子就去了。

在菜場採購的時候，一些不認識的攤商倒還好，有幾家平日就常光顧的店，指點了要買的東西時，店家聽到我說話，抬頭先盯著我看了一下，才回過神似的說：「唉呦，○○喔，一下沒認出……」然後很快完成交易。連續幾次從店家的眼神中讀出的表情，連自己都錯愕：素顏真的有這麼大的差異嗎？從櫥窗鏡子的反應看起來好像也是，中年發福的身軀、原本就沒有姿色的五官、連嘴唇都沒點顏色，不化妝的臉看起來確實就是個平庸又粗俗的大媽。

我不是講究穿著打扮的人，之前因為還在職場，所以出門的儀容才會稍加注意，加上之前看過別人素顏的落差，和自己不化妝時從別人眼中讀出的訝異，使得我到現在即使已經退休了，也還是保持每天穿著整齊、在沒有眉毛的臉上畫上兩筆才走出房間，出門也會記得塗點口紅，讓自己氣色好一點，除了不想在已經成年的兒子面前顯得邋遢，也避免萬一遇到熟人時尷尬。

我有個朋友說他們一家平常都隨便穿，在家都是短褲、套衫，她自己連內衣都省略了，先生、兒子經常都是打赤膊，有一次有人按鈴，發現是朋友來家裡找，嚇得他們都不敢馬上開門，各自分頭去找衣服套上，這種糗事她自己說得哈哈大笑，可想當時的慌亂，也許輕鬆穿著是他們的生活習慣，我穿著整齊才出門也只是習慣而已。

有一次朋友們約在一家五星級飯店聚餐，大夥正在邊聊邊等人到齊的時候，突然包廂的門向兩邊打開，服務生引進一位盛裝出席的老太太，定神一看是當晚赴約的其中一位朋友，瞬間大家都看傻了，接著又都忍不住笑了起來，然後開始調侃，因為她不但化了濃妝還帶了珠寶飾品，如此慎重其事，只能說過與不及都會出現尷尬吧。

聽她說當天只是心血來潮，想體驗一下裝扮貴婦的感覺，平常沒機會也沒場合，所以才藉著大夥一起又是高級酒店的聚餐秀一下而已，其實也無妨，這把年紀會在一起的都是很熟的老朋友，大家也不會覺得她是作怪，所以一陣笑鬧之後，話題反而討論起各種衣服的搭配經驗、和各人使用保養品的心得，還有人提議下次也把自己得意的衣服首飾穿點戴點出來大家秀一下，免得都放在衣櫃裡沒機會亮相，她的穿戴也算拋磚引玉了吧。

其實社會至今還是有「先敬衣妝後敬人」的心態，衣著太隨興的，出去辦事容易被冷落，尤其老人更弱勢，穿著整齊、打扮得體，除了自己舒服、也讓別人順眼，如果出現在公眾場合總穿短褲、夾腳拖，自己覺得方便，其實是隨便，老人總嫌打扮麻煩、多餘，以為反正不會有人注意，加上為了節儉，衣服的材質也不要求，各種隨意甚至簡陋的穿搭，再配上頭髮花白、蓬首素顏，就更顯得邋遢了。

老人的日常生活別把活力都花在菜場討價還價、挑三揀四、占小便宜的行為上，也別以為身手好就踩著自行車在人行道上四處躦，以為年紀大別人都會讓，全然不顧也不在乎別人的觀感，這種為老不尊的行為，活成為別人眼中的老厭物，如果引發別人的蔑視不都是自己表現出來的？

誰都無法抗拒老，但也不必束手由著老。為了讓自己不要因為老而放棄爭取，就算不須再為衣食奔波，也可以在體力允許的範圍內找點事做，讓自己的腦力和體力繼續運轉，例如閱讀和學習都是很輕鬆的事，家事之外的社交不要放棄，然後上一些不費腦筋的課、聽一些不花錢的演講、看一些不同主題的展覽，盡量讓自己動、讓自己忙，走出去接觸外界，透過停看聽去認識、了解現在流通的、時興的各種訊息，即使不能投入也不要脫節，也就不覺得注意儀容是多餘的了。

第4章

不可不知的身後事

死亡，是上天對每一個人唯一公平的對待，只是結束的時間和方式不同而已。

對富裕的有錢人來說，死亡可能比活著麻煩，因為錢財太多，萬一因為分配不均引發的各種爭執，會讓死都不得安寧，窮人則是活著比死辛苦，也是因為沒錢帶來的困頓而艱辛度日。

但無論是富人還是窮人，除非天災橫禍而了結，否則都要走過「老」的這一關，生病這樣的事更是不分貧富貴賤，頂多是有錢的病房能住得好一點、照顧的人多一點，但任何病痛都不會因為身分不同、財力不同就能選擇輕微或嚴重。俗話說：「甚麼都能沒有、不能沒有錢，甚麼都能有、不能有病」，前者可以透過財力讓生活過得舒適，後者卻防不勝防，只能靠各種保養、保健去維護身體的健康長壽，希望在抵達終點前能盡人事聽天命的走好每一步、過好每一天。

1／斷捨離是開始，不是結束

人生是一趟沒有回程的單程旅行，雖然大家搭的是同一趟列車，但是每個人下車的時間都不同，旅途上各自看到的、遇到的、收穫的、失去的也不會相同。世上永不存在的念想是「如果重來」，已經消失的過去，再美好的往事都不可能重來，同樣，再難過的創傷也會隨著時間癒合。未來對誰都是個未知數，活在當下，無論是甚麼年齡段的人都應該正視面對，老人更是如此。

退休後的第三年，我覺得休息夠了，身心靈都恢復到穩定的狀態，我開始思考未來的日子要怎麼過得安穩無憂，我沒有退休金，也不再有工作收入，所以第一個決定是把大坪數的房子賣了，換成室內只有原來三分之一空間的套房，並且從熱鬧的市區搬到比較安靜的郊區，如此我才能騰出一點至少日後不用伸手的養老金。

決定換屋後的第一件工作，是思考如何把大坪數房子內的東西安置到室內只有十七坪的空間去，先是揀選出要留下和要放棄的衣物、用具、書籍、用品和傢俱，不得不說這是非常煎熬的割捨，畢竟每一件物品都有使用過的記憶。

一些舊的、過時的、不好用的固然可以沒有懸念的直接放棄，但對一些仍然覺得喜歡的、昂貴的不免還是會猶豫，只是想到日後可能用不到、甚至搬去了也沒地方放，最後還是只能放手，處理方式是有些送人、有些賣二手、有些送回收，幾經掇拾就差不多要清理掉三分之二的家當。

如此全面的斷捨離，說不難過是假的，五十年婚齡的一個家，過程中進進出出過的用品，每件都有歲月的痕跡、記憶的溫度，送走了、扔掉了便是從此永絕，可是不放手，那些東西也只是換個空間繼續堆放而已。

撿選過程中從箱子裡、櫥櫃中、畸角旮旯處，找到、翻到、發現的陳年物件還真不少，有些甚至還包裝如新，有些看起來算是歷史悠久、年代久遠的，之前因為房子寬大才有這麼多可以堆放的空間，買得夠多才會連放忘了都不知道，其實，除了金銀、錢鈔、珠寶之外，其餘很多物件，只要三五年都不拆、不用、不看的，就表示可有可無，可以考慮是否繼續保留了。

我最先清除的第一批物件是照片和信件，從倆人結婚、成家到生兒育女，再從孩子成長的每個階段，到如今他們也成家、也為人父母，記錄每段日子的佐證就是各式各樣的照片。

這些照片塞滿各個抽屜、櫥櫃，平常根本不會拿出來看，可以說大部分都是拍完看過就放著了，老照片很多都已泛黃變色，藉著整理才又把各種照片再看了一遍，我把家人每個階段的照片各留下一些，總之精減到最少，其他的通通用碎紙機裁掉，其實留下的說不定以後也不見得會看，孩子自己想要的東西會各自取走，所以更不用考慮太多了。

有朋友告訴我可以用電腦儲存成檔案，如此可以縮減儲存空間，但是我不會這項技術，要花錢請人弄也麻煩，老照片這麼多年都沒人看了，不管用甚麼技術儲存也只是換個空間而已，所有老照片都是舊時代的物件，如今拍照都直接用手機，然後直接儲存，連照相機、洗照片這些程序都用不上了，時代在進步，科技在演進，未來的生活方式不是我們現在能想像的，我能做的只是因應眼前的處境，做好妥善的安排而已。

曾經在丟廢棄物的垃圾回收處看過成堆的照片本、相簿冊、凌亂的丟棄其中，照片的內容有非常具年代感的人像，相本的尺寸大大小小、有厚有薄，夾雜著其他文件、筆記、書信，數量還不少，十足的清倉模式，顯然是有人丟棄的。我可不希望家裡的東西有一天也被後人如此處理，與其讓他們厭棄，還不如自己果決點料理了吧，那種被當廢物丟棄的場面外人看著都尷尬，如果是自己人看見該多難堪？

第二件重大物件的處理是滿屋子的書籍，一些早期的版本字體都非常小，不止是文史書籍，還有各類小說、閒書，占據了家裡非常大面積的空間。有些書已經老舊斑駁、或是題材沒有保留價值的當然就直接送回收，最後留下的我也不覺得會有需要時時翻閱，只是其中有部分是兒子的，他堅持要保留，我只能繼續配合，也盡量縮小數量和篩檢。現在找資料用電腦比翻書還快，就算留下我都質疑以後有多少機會看這些書，長久以來，各種存書幾乎成為家裡固定的擺設，所以無法完全清除，何況還牽扯到其他家人的意願，有些決定就不是自己想怎麼做就都能照自己的意思了。

年輕時我很有購物狂，尤其是手頭比較寬裕的時候，更是隨心所欲，只要是喜歡的都有買的理由，因此多年下來漸漸累積下許多買了捨不得用而放舊的、或買了忘了用而過時的、還有不好用又退不了的，總之買的時候都覺得千般好萬般巧，殊不知任何物件舊了、過時了，哪怕只是過過手都會貶值，當初一心想要的物件不管買的時候多貴，賣二手時都不值錢，想要和需要的差距讓當下擁有和永久持有只是心態而不是物件的價值。如果留下的東西連年輕人也不想要，那麼放手是必須的，不為物役，是老人應有的認知。

傢俱部分我留下一些適合新址使用的外，其餘的大物件估計送人也未必有空間容納，便試著賣掉，可是無論當初買的價格多麼昂貴，品質是甚麼名牌，都是檀香當爛材的估價，原想著可以回收點錢，卻發現賣二手不值錢的殘酷事實，儘管心疼最後也只能當作有人拿走才能清倉，數量太大、次數多了，心疼難過的感覺也就麻木了，想想自己親手處理掉跟日後由其他人捨棄掉其實都一樣，在過手的瞬間腦海中再一次回憶昔日風華，原來一切都是過眼雲煙，一番斷捨離之後再無懸念，算是揮別過去吧。

在清除大批文件的同時，為了防止個資外流，我也裁切掉很多跟訊息有關的聯繫資料，職場上的固然因為以後用不上了當然就不需保留，一些久不連絡的朋友也陸續從通訊錄和手機中刪除。有人能幾十甚至上百的朋友資訊儲存在手機中隨時查閱，我對一兩年都沒往來，或是傳過訊息都沒有回應、互動的，都覺得沒有保留的必要。朋友間的聯繫往來需要互動，如果沒有，當然就不必再保留，何況現在的資訊便利，真想要找誰、連絡誰還是很容易的，朋友的質與量才需要考量吧。

在整個割捨、拋棄的過程中，要說完全無感也未必，但是不捨又如何？留戀又怎樣？比溫情更殘酷的是現實，斷捨離需要決心，想做就不要猶豫，做了就不要不捨，處理了就放下，後面的日子才是要過的。

2／一個人住好嗎？

年輕時，我就是工作非常忙碌的職業婦女，還兼負家庭主婦的角色，一直有忙不完的工作，恍如永不停止旋轉的陀螺，等到孩子慢慢長大，我也漸漸的老了，即使同年齡的人大都退休享受清閒之時，我仍然有撒手不了的工作在身，就算沒有那麼重的事業心，但責任感還是讓我脫不了手，只能且戰且走的慢慢減少工作量。

我一直想在退休後，要過沒有人打擾的獨居生活，那樣才能讓自己的身心靈能夠舒坦的放鬆，不用再配合任何人，只要清靜無罣礙，就算不跟人往來也無所謂。

可是，在發生大弟意外死亡之後，卻讓我不得不思考一個人住的風險，我的母親在她剛過完九十歲生日不久就因為中風導致右半身癱瘓，本來要幫她請外勞看護的，卻因為與她同住的家人有意見而作罷，只由兩個沒結婚的大弟與小弟照顧。母親的意識還算清楚，生活上只有少部分需要靠人幫忙，所以都是大家輪流探視照顧，並幫忙處理一些他們沒做到的部分，還好兄弟姊妹眾多，大家輪番排班，倒也平安無事。

小弟的職業是教書，他習慣在寒暑假安排較長時間的旅遊，二〇一八年八月的時候，小弟前往大陸遊玩，大弟的個性本就孤僻怪異，很容易跟家人一言不合就起衝突，平常有小弟在還算平和，小弟不在，老實說誰都不想跟大弟碰面，剛好他自己也說他可以自己處理，叫大家不用過去，因此小弟不在的十天，只有大弟和母親相處。

他的爆脾氣大家都習以為常，所以也都樂得偷懶，而且大家也認為才幾天時間無所謂，小弟雖然遠遊在外，還是會打電話回家聯繫，偏巧其中有兩天因為小弟在當地的通訊情況不好而斷訊，後來再打回來時竟然無人接聽，而且連續在不同時段都連繫不上看家的大弟，請管理員去敲門也無回應，後來才聯繫我。我打電話也是沒有回應時就直接從公司過去開門，竟然發現大弟已倒地死亡，而癱瘓的母親已經三天水米未進，如果再晚些發現怕是連母親也危險了。

大弟一直自豪身體健康強壯，說自己是從不用健保卡的人，平常有點小病痛也不在意，自己吃幾片成藥就打發了，事後檢驗竟然是因為暈眩倒地撞擊後腦休克、未被及時發現救治就過世了，完全是始料未及的意外，加上半癱又有點失智的母親完全沒有能力求救，一個生命便如此快速的結束了。

本身無法自理的人固然不適合獨居，即便是行動自如、可以生活自理的人同樣有獨居的風險，因為誰也不知道「意外」和「死亡」哪樣會先到。

老了一個人住，不管是出自自己的選擇還是不得已的安排，一定要有能隨時探視的人和連繫的管道，哪怕是朋友或鄰居也不要完全孤立，必須提醒對方保持注意自己是否有出入的警覺，這可不是危言聳聽，否則就住到安養院去，貴的住不起就住便宜的，社會局也有一些安置的管道，至少可以避免死無人知，畢竟人老了，就必須認清現實，安頓好自己。

3／養老院是天堂還是地獄？

一位年紀比我小的朋友，為了照顧失智又癱瘓在床的母親，都六十歲了至今未婚。

她父親離開得很早，有一個哥哥，本來三個人一起住的，後來哥哥因為結婚搬了出去，只留她和母親一起生活，大學畢業後她就考進銀行工作，日子過得簡單輕鬆。

在她母親還不算太老的時候，平常都去廟裡當義工，後來又幫哥哥帶小孩，她因為一直沒有遇到合適的對象，所以結婚的事就一年一年的拖了下來，到她四十歲的時候，結婚的念頭都斷了，後來因為母親在旅遊時出了車禍，便由她照顧，當時還慶幸好在自己沒結婚，可以全心投入照護。

其實她年輕的時候就曾經想過如果結婚，也要把母親帶在身邊同住的，既然結不成婚，照顧母親就便成為她的責任，哥嫂偶而會過來探望，但他們有自己的家，還有三個小孩，時間上體力上也的確幫不上忙。

當母親只是年紀大、但身體還健康的時候，兩個人只是相依為命、互相照顧的日子還是平靜安好的，可是當母親又一次不小心摔倒之後，健康情況便出現每況愈下的轉變，她開始頻繁的帶著母親出入醫院，做各種回診、治療、復健，可惜情況並沒有好轉，加上年紀大了，有一天在她上班時母親在家昏倒沒及時發現，送醫時已經成了中風、而且右半邊癱瘓的病人，從此開始她漫長的照顧之路，這年她五十歲。

如果只是短時間的照顧，或是可以預期的康復，是可以期待甚至忍耐的，可是她母親的情況卻是越來越糟，加上母親生病後脾氣變得暴躁又古怪，只要她去上班不在的時候，她母親就會用各種不配合對她請來照顧的人發脾氣、使性子，換了幾個人都是因為她母親的難搞不幹了，甚至洗澡都一定要她下班回來幫她洗，她母親才願意配合，母親的依賴漸漸成為她工作之外的最大的壓力和負擔。

她跟哥嫂商量，想將母親送去安養院，可是母親聽到後開始絕食，鬧得更厲害，因為她母親雖然中風，神智還是清楚的，所以這項討論只能作罷，但也從此母親對她盯得更緊，只要她稍晚回來就以為要將她丟棄，吵鬧得更厲害，直到她進門看見她為止，讓她漸漸有心力交瘁的感覺。

再次背著母親跟哥嫂商議，可是哥嫂考慮到母親離不開她、而且母親年紀大了，如果將她送到陌生的環境很可憐，在自己人看不見的地方，萬一被虐待怎麼辦？母親辛苦了一輩子，老了這樣被對待太殘忍了，又一次否決她的要求。可是瀕臨崩潰的心力實在讓她無法承受，最後只好辦理提前退休，遣退了幫忙的看護，自己接手所有照顧工作，誰知卻在她辭職在家不久，母親就失智了，有時甚至認不得她是誰。

面對這樣的結果，她不免吶喊這是神明的考驗還是老天開的玩笑？可是眼前的情況她就是個退休無業的半老人，未來的工作就是每天二十四小時的看護，以後的生活就只能守著一個不可能康復的病人，過著每天一成不變的日子，她的哥嫂說還好她沒結婚，沒有負擔。

但是從此她也等於切斷了跟外界交流的時間和興趣，唯一透氣的機會是每天早晚用輪椅推母親出去散步的時候，看著外面人來人往的車輛和行人，看著他們在生活的忙碌和奔走，而自己的清閒像是提早凋零的青春、窒息在不捨與不忍的親情綁架中，也許有一點自己的心甘情願，但也有值不值得的懷疑。

每次有朋友約她出來吃飯、或約她出去玩她都拒絕了，理由是走不開，不能放母親在家不管，有朋友覺得這樣下去她早晚會抓狂，提醒她求助的管道：

各縣市政府都有長照福利法，只要年滿六十五歲就可以向地方政府的社會局申請成為長照的族群，社服處會按照每個申請者的不同狀況分出等級，給予不同額度的到家醫療、幫助病人護理、簡單的家務協助和清潔工作，家屬只須負擔小金額的費用即可。

另外還有「替手喘息方案」讓照顧者的家人可以偶而出去休息一下，跟朋友聚餐、喝咖啡、聊天或是看場電影、到郊外走走、呼吸一下不同的空氣，紓解壓抑的心情。

當台灣已逐漸走向超高齡社會，當我們也已經成為老人的一員，有些條文和福利必須要知道，讓自己或家人有求助的方法和管道，這是分擔體力和財力很友善的福利法，如果沒有外傭、如果負擔不起長期看護的費用、如果全靠家人照顧的時候，這些長照法就可以幫上忙，不要把自己困在愚孝的思維裡自苦。

如果覺得將老人送安養院，是可行的選擇就放手去做，不要讓不忍、不好意思把兩個人都綑綁成生命共同體，只要事前仔細選擇、評比，之後常去探看，也是照顧的一種方式，孝順是應該的，但是為孝順陪葬生活卻大可不必。

對於上了年紀的人，應該要有未雨綢繆的自覺，趁著自己還耳聰目明、頭腦清楚的時候，把可能發生的老、病、殘用言語交代或立下字據，讓家人作為以後執行的依據，養老院也好、安養院也罷，一旦遇到自己不能行動的時候，那裡也是個可以放心的去處，不要用忤逆、不孝的字眼成為兒女的枷鎖，最後把孝心擠壓成怨懟、把他們的耐心綑綁成嫌惡，人老了，學會對別人放手，也是讓自己自在的寬宥。

只要還有家人，我相信沒有人願意去住安養院，但如果自己情況嚴重，更不應該完全倚賴家人照顧，增加照顧者的壓力和負擔，這是最現實的問題，很多家裡有老、病、殘的，有人會申請外傭來照顧，雖然人力上或許得到紓解，但是產生的問題同樣也有很多困擾。

當老人無法表達意願的時候，是否要送安養院，有時是受到部分家人的意見影響的，而那些把理由說得冠冕堂皇，看似善良孝順的人往往都不是真正出力照顧的人，只是口角春風表達自己的意見讓別人去做罷了！這種人偶而探視、短暫停留、好聽的話說幾句便離開，完全無法體會照顧者的處境和心情。加上一些外人的指點，或是其他家屬的意見，說三道四的提供他們的建議，對照顧者來說都是道德綁架。

遇到這種情形，除了照顧者要勇於表達自己的情緒，也應該要求其他家人一同分擔照顧工作，否則如果覺得自己無法再負荷，就應該下定決心把老人送去安養中心讓專業的人照顧。不要以不好意思、不敢講、不忍心的鄉愿思維，讓自己陷在情緒的暴風圈裡自虐，照顧者也要勇敢堅持自己的決定，而不是考慮別人的觀感。

老人如果能早早明確的交代自己可以接受住安養院的安排，一旦需要時就可以讓家人放心遵行，而不用讓照顧者背負遺棄的罪惡感，當然安養院的不同收費也意味著照顧的品質不同，對於不出力的人就讓他們出錢，不要只在某個照顧者身上壓榨，如果自己手上有錢就守好，並做好萬全的準備和交代，最好用字據寫好用途聲明，沒闔上眼之前，錢財握在自己手中，才能在需要靠它發揮功能的時候，沒有後顧之憂地接受安養，住的養老院或安養院是天堂或地獄都得靠財力，才有底氣去挑三揀四。

4／如何離去 自己決定

有位新聞界的知名主播在自己年紀大，又疾病纏身、康復無望的情況下，決定到國外合法安樂死的國家，去接受用安樂死的方式離開人間。我們國家還沒有通過這項法令，就算想用相同方式結束生命的人也不可能，除非跟他一樣去那個國家，可是長途飛行加上安樂死的費用，想死都不便宜。

當病人康復無望的時候，病人本身和照顧的家屬，面臨的就是一場漫長的人性考驗，雖然求生是人的本能，可是如果病情完全無望的時候，各種插管、氣切、電擊是否必要，就值得考慮了。如果由家人或照顧者去決定放棄急救或治療，相信沒有人願意擔當這樣的責任，但如果是由病人自己明確的表達，相信大家都會輕鬆很多，我在很多年前就簽署過不插管、不氣切、不電擊的放棄急救聲明，並且鍵入健保卡內。

可是這種聲明，對有些家屬來說仍然會發生因為不捨放棄救治，而造成病人依然會受到因搶救而做的各種侵入性治療。無論是出於何種原因，家屬的執意救治，往往會因此造成病人的痛苦而有口難言，這套法令的推行效果終究缺乏公信力，因此近年才又推出「病人自主醫療法」。

還是不插管、不氣切、不電擊，但是簽署時除了需要一名親屬和一名證人在場見證外，還有醫師、護理師和社工各一名，將法規一一解說並接受諮詢後現場簽訂，一旦登入健保卡，萬一發生無法救治生命的治療時，醫院就可以根據病人簽署的自主醫療合約執行，如此可以免除家屬的猶豫和擔待，我在申辦的同時，也正好讓兩個兒女見證簽名，如此便無後顧之憂。

不過這項簽署除了自願還要自費，有如公證的手續費，而每家醫院的收費不同，從二千到三千五的費用不等，若有兩人同時簽，第二個人可以半價，聽說有的醫院比較便宜，想簽又有時間的可以打聽、比較再決定，可能是因為要收費的關係，目前推行的效果不是很好，政府似乎應該檢討並修正辦法，否則接受度不高，枉費了推廣的美意，也得不到效果。

5／遺囑才是最好的安排

如果擔心自己不知哪天會出現失智、中風、癱瘓，或行動不便、神智不清的狀態時，家屬接管老人的照顧或行使各項法律權益，都需要先申請輔助或監護宣告，如果不希望造成日後子女間的紛爭，那麼趁著自己神智還清楚、行動還方便的時候預立遺囑作好安排是非常必要的。

按照目前的民法規定，繼承人的第一順位是父母、配偶和子女，第二順位才是兄弟姊妹。記得我大弟突然過世後，雖然他沒有房產和存款，但是留有幾張股票，由於他沒有結婚，當然也就沒有配偶子女，因此法律上只有父母有繼承權，但父親早已過世，所以母親是唯一的合法繼承人，可是母親除了因中風導致右半身癱瘓外，還有輕微失智的問題，根本無法辦理繼承需要的各種手續，可是當我拿著她的病歷和所有證件去幫她代為處理的時候，發現光憑這些證件是不夠的，必須要有法院的監護宣告證明才行，也就是我必須先去法院申請監護宣告。

老人也好、病人也好，當他（她）無法自己處理各種與官方有關的事務，而需交由他人代為處理時，都需要向法院申請，以取得授權證明，**這類申請有兩種，還能自由表達意志，只需旁人協助的是申請「輔助宣告」，自己完全無法表達意見和沒有行為能力的，申請的是「監護宣告」。**

申請宣告的時間需要四個月至半年，因為除了法官還需要主治醫師一同會診，子女兩名以上的，擔任輔助或監護者還要有其他人的授權同意書，子女眾多的除了代表人之外，還需要另一名監督者。

財產不多或沒有財產可繼承的，問題也許簡單些，但若是財產眾多、子女也多的，產生的糾紛和麻煩就更多了，因分產而兄弟鬩牆、手足翻臉的事例自古以來從未少過，還有因為覺得分配不均導致死者無法下葬的也大有人在，如果這些案例能帶給老人一些警惕或啟示，那麼早做安排是讓自己走得安心，不留給後人困擾的抉擇。

我有位同學的母親是地主的女兒，她外公留了很多房產土地給她母親，她有兩個弟弟，她母親經常有意無意的灌輸她不要跟弟弟爭，可是她母親老年患病的時候一直都是她在照顧。

她結婚後並沒跟娘家疏遠，尤其在她兒女都長大成家、她自己也退休，而她母親又癱瘓臥床的時候，她幾乎一星期有四天住在娘家，幫著外勞一起照顧，她自己家在台北，母親住在高雄，她就這樣兩頭跑了五年，而她弟弟就住在母親給他的房子裡，並且就在附近也很少去看，但是卻掌握著他母親所有現金，那些錢他只支付外勞的費用和基本生活開銷，便是他對自己母親的照顧。

沒想到她的小弟因為一場意外突然過世，她的大弟馬上將小弟的家產要求歸他所有，她母親說是兒子的當然還是歸兒子，叫她不要計較，去年她母親過世了，她父親本來早就走了，於是財產成為她和弟弟繼承，可是弟弟一再拒絕溝通，就連國稅局按法規要求辦理遺產申報、和繳交遺產稅他也放著不管，她說經過這次經驗，才知道政府的法令有多麼寬大慈悲，竟然可以拖一年才辦理，期間她幾乎要動用法律方式解決，不過還是忍了下來，最後透過親友斡旋，她弟弟終於在國稅局期限的最後一天繳了稅、也辦完手續，可是接下來的房產、土地繼承，卻是由她弟弟將地點好、面積大、格局方正的店舖、樓層、房子，自己劃分歸他所有，只將一些畸零地和一些比較小、比較偏遠的房舍給她，而且擺明要就是這些，不要就算，要打官司他不怕，他手上的現金夠他拖幾年，他不怕耗。

自家人在利益爭奪下的醜陋和殘忍，往往是人性最不堪的面目，最後還是她妥協讓步，終結這段如果堅持就會出現自相殘殺的局面。她是虔誠的佛教徒，初一十五都到廟裡磕頭、上香，每天在家早晚都念經做早晚課，我問她怎麼沒有祈求菩薩顯靈幫妳？她說相信所有結果都是菩薩最好的安排，既然這麼想，作為外人多說甚麼都多餘，那就隨他們各自的因果福報吧。

雖然說現在的家庭已經很少重男輕女了，法律也公平保障兒女的權益，但是父母對待子女的心態，比較看重誰、忽略誰的偏心還是有的，朋友的問題就出在她母親沒有立下字面的遺囑，明知手上財產這麼多，也只是口頭上交代，加上一再叮囑她不要跟弟弟爭，擺明就是要讓兒子多得的意思，偏偏她弟弟還想獨占，才會使出拖延術種種不配合，要不是她讓步，如果真走法律，她弟弟的下場就不是先占先贏、一賴天下皮的了，可是那樣一來勢必違逆母親的心意，姊弟情也終結了。

別以為孝順的人都會得到最多的疼愛與好感，一個天天在眼前轉的人，往往不如偶而出現、外加甜言蜜語說好聽話會哄的人，這就是「近臭遠香」的心理。

當人老了，身上又有些病痛的時候，如果手上還有些資產都應該早做安排，不要等自己走後，才讓子女去做無謂的猜疑和爭執，雖然法律可以還原公平，但是公平會抹煞親情的溫度，無論誰多誰少，唯有靠遺囑作為證明才可以減少爭執。可是有些老人之所以不願用遺囑表態，不知是還在觀望還是斟酌？以為在閉眼之前還可以作衡量孰重孰輕的比較，殊不知每一段比較都在讓孝順的人寒心，每一段忽略只是讓愛您的人失望，父母對子女是否公平對待，只有您寫下的遺囑能表態，才能讓他們追憶您的時候，沒有怨懟。

其實只要是兩個孩子以上的父母，就很難做到讓孩子認為的公平，除開重男輕女，有的孩子聰明、有的比較老實，嘴巴甜的容易討好、嘴拙的不善言辭，有的成就大賺得多、有的平庸賺得少，一旦想給孩子分配點甚麼，只要稍有失衡就會落下偏心的話柄，如果還加入他們另一半的枕邊風，老人家想一碗水端平並不容易。

從前的女兒是不能跟兄弟分家產的，所以即使不明說，做為女兒的也都有自知之明，當家裡作財產分配的時候，即使法律規定女兒可以簽署放棄聲明，多數女兒也都是無條件配合，但現在時代不同了，不但法律保障同為子女的女兒們，女性本身也懂得爭取自身的權益。我同學可能還沿襲著舊傳統的思維，加上她母親生前的洗腦，所以她最後還是用讓步終結這場紛爭，也算是善了了。

另一位也是同學的朋友處理財務的結局就不同了，她同樣手上也有些資產，兩個兒子一個女兒都各給了一幢房子，可是因為地點不同、坪數不同，分到的還是覺得不公平，都覺得其他手足得到的比較好，所以並沒有都感謝她，可見父母難為，除了自己的偏心，還有為人子女的覺悟吧。

一旦父母對孩子稍有偏心，只要兩個以上的孩子就難免比較誰多、誰少，誰拿到的比較好、自己比較差，作父母的如果以為有的孩子賺得多、經濟能力好、所以可以少給或不用給，賺得少的就私下貼補，討她歡心的也會得到額外的金援。這種事一旦被發現，爭吵就會不斷，雖然她可以霸氣的說「我的錢愛給誰就給誰」，但埋下的怨懟就不會消失，結果那個覺得分得少的越來越疏遠，拿得多的覺得理所當然，如果早早立好遺囑，並在走後再分配，相信困擾會簡單得多。

第5章

晚霞滿天
好時光

當每天的朝陽開啟一天的陽光，霞光萬丈的射向大地時，都是年輕奔騰、銳不可擋的氣勢，充滿活力、蓄勢待發，正因為這份無懼無畏，在它落入地平線之前，並不認為會有變數，殊不知一早的晴空萬里，也可能隨後變成漸趨晦暗的陰天，前一刻的風和日麗，後一秒卻出現風雨雷電，能否在風雨過後重綻陽光、帶出微笑的彩虹，只有到那一刻才知道。

而晚霞卻是堅挺走過每一步換來的五彩斑斕，滿天霞彩宛如一張伸展開的畫布，上面都是每一段從歷練中留下的血淚、幻化成濃墨重彩的霞光，低首淡定的睥睨紅塵的各種摸爬滾打。

年輕真好，可以有無限可能去闖蕩、歷練、開創，失敗了可以重來，摔倒了可以爬起來再試，因為年輕有各種籌碼，只要肯做、敢做、願意做，每個籌碼都是機會。

但是老了，社會便已經沒有給予機會的空間，所以必須看清現實的各種約束，安靜的守好各種能擁有的、能掌握的，然後心平氣和地給拚搏路上的年輕人喝彩、加油。每個老人都走過風雨，經歷過閃電雷鳴，能走到暮年都是生命的勝利組，當然要好好欣賞炫爛的滿天彩霞，在為年輕人喝彩的同時，也別忘了給自己鼓鼓掌。

1

放手心自寬

小孩第一天被送到幼兒園時，都會抱著媽媽的腿哭得聲嘶力竭，小學新生第一天開學也會抽抽噎噎不肯移步，但當他習慣新環境後，一到校門口就會撒手飛奔而去了，孩子成長後的抽離很快，只要護送他們的父母放手。

外孫還很小的時候，因為女兒出國，必須跟他分開三個月，他沒哭鬧，只是紅著眼睛，揮揮手再見後就進屋了，先是不說話，自己一個人忍著淚水的坐著，跟他說話也不理，後來自己默默看電視，我拿零食給他吃，半天功夫後慢慢恢復正常，隔天就適應了媽媽不在身邊的情勢，女兒打電話回來問他的狀況，我說適應得還不錯，要她放心，女兒說之前跟他溝通了一個月，才那麼點大的小孩，情緒顯然抽離得很快。

我家幫忙的外勞，受雇期滿必須返回印尼時，我的心情有段時間都處於低落狀態，不只是她曾經照顧我臥病的丈夫直到他離去，更陪伴我渡過那段蠟燭兩頭燒的日子，因為有她留守，才使得生活作息不至驟然失衡，因此對她的離去難免不捨。而她不是話多嘴甜的人，再多的殷殷切切，她的回應都只是傻笑，我甚至看不出她有甚麼情緒變化，每天照樣做著例行的家事，所有工作一成不變的進行，直到日期到達，她那上揚的嘴角才出現即將返家的雀躍，夜裡我反而失眠了，想著她走後的人去樓空。

第二天早上，等她吃完早點，送她下樓時我一直沒敢開口，唯恐露出聲音中的哽咽，臨上車前我以為她會跟我來個擁抱道別，可是沒有，她甚至忘了說再見就直接上了接她的車子，我那揮別的手還沒放下，車子已揚長而去。我當下還愣了一會兒，對她而言，單純只是一份工作的結束，離開只是例行公式，如同過去每一段主僱關係的更換，而後即使再來台灣，也不會是我家，甚至我們可能不會再遇見，這麼多的情緒牽連，是我忘了放手。

有一次參加一個名人的喪禮，雖然禮堂內的氣氛肅穆，場外的各路來賓卻寒暄得十分熱鬧，致詞追悼的貴賓說的都是應酬式的場面話，來來去去的弔唁者，氣氛似乎沒那麼哀戚。我站在邊上的角落，看著靈堂上懸掛的遺容，當哀樂奏起時仍有些許的難過，其實我跟死者的交情普通，只是收到訃文，禮貌上來致意而已，跟交情無關，跟哀傷也無關，只是對死者離去的情緒忘了放手。

出席喪禮會感傷，參加喜宴也能落淚是不是有點濫情了？當看到新嫁娘跪別父母時，想著一手帶大的孩子從此嫁入別人家，未來的命運不知如何，幸福與否更是未知數，即便是別人嫁女也有著自己女兒出嫁般的心情，止不住有點感傷。雖然新嫁娘在當下也會落淚，不過情緒抽離得很快，轉身便立刻融入婚禮的喜悅中。對她來說，未來有著美好的憧憬在向她招手，幸福的藍圖等著她去規畫，離巢的鳥兒無暇回顧，反而是急於揮別對母巢的眷戀。

職場上有一種人，跟他相處、共事時表現的都是百分百的親和，可以跟你一見如故、無話不談，十分知心，可是只要工作結束、各自分開後，友誼立刻收手，當您還自以為跟對方是閨蜜、知己、好朋友、好哥兒們時，對方已然跟你劃清界線，友情終止了，即使再見面，寒喧也是淡淡的，這樣的抽離，讓人無法再與從前的印象重疊，還以為是錯覺。

放手是抽離的前奏，是需要果決的一種學習，只有揮別過往，才能面對眼前的處境，如同演員每演完一齣戲，都必須抽離前部劇中的角色才能融入新的劇情，恢復正常生活中的自己，戲如人生，人生也如戲，只有抽離才能放下。

「無情不似多情苦，一吋還成千萬縷。」不管愛情、親情還是友情，情太多、太長都是泥淖，會讓自己難堪別人錯愕，世間對等的情不多也不長，包括父母兒女間的緣分，也會隨著他們的成長慢慢消溶，畢竟有各自的人生，「君子之交淡如水」，朋友如此，愛情更是，淡淡的就好，不要期待對等，一旦分開就必須抽離才能放下，然後讓彼此輕鬆自在。

「情到多時情轉薄，而今真個不多情。」人到某個年紀後的冷漠，是世故磨出的厚繭禁錮了躍動，世態歷練出的炎涼冷卻了熱情，只有讓心態淡然，心情才能泰然。

「年年有今日，歲歲有今朝。」所有的美好，其實只是瞬間的感動。

2／一丘土的迷思

中國人有風水之說，活著的時候對住家講究方位、忌諱吉沖、對應五行八卦以求升官進爵、財運亨通，死了更要找高人指點龍穴寶地，希望庇蔭子孫世代昌榮，人對趨吉避凶之心固然無可厚非，但過於執著未免自我設限，看看古來多少帝王將相、巨商富賈生前死後住的誰不是風水最好的吉祥寶地？他們的後代難道都永盛不衰、富貴綿長嗎？如果占有好風水就能榮華富貴世代延襲，那麼帝王將相豈不永遠專屬？

我對風水的理解是只要住家的空間方正、採光好、空氣流通、生活機能便利就是風水好宅了，福地福人居，福人居福地，至於死後如何葬、葬在何處，對已死的人是沒有太大意義的，若是子孫賢能何需庇佑，子孫不肖庇佑又何益？何況各人有各人的因果福報，後人的祭祀不過是安撫他們自己罷了，對已經往生的人真能得到甚麼加持嗎？每年的清明掃墓哪個後代不都是例行公式，又有幾個子孫記得先祖的名諱事蹟？何況如今的家庭都人丁單薄，一旦日後遠在外地甚至異國他鄉時，還能要求誰按時祭拜？父母也好、子女也好，都是凡塵僅這一世的緣分，一旦離開便是結束，做好相處時的厚待、珍惜在世時的情緣便是圓滿了。

我父親過世已經四十幾年，當時的環境都是採用土葬，所以在我們的成長過程中，每年的掃墓都是不可少的例行公事，家中有四個男丁，當女兒的出嫁後便沒有參與掃墓的工作。

由於父親離開時，我們還落籍在客家人的地區，當地人掃墓的時間都是在元宵節前後，而不是清明節，我們雖然是廣西人，但母親說為了入鄉隨俗，所以也跟著在元宵節那段時間去給父親上墳掃墓。

老實說，掃墓這種儀式都是從剛開始的哀思，到後來的按部就班、行禮如儀，隨著時間越長越簡化，漸漸成為不去不行、去了也無心的應卯行為，尤其當家人大都搬到台北，還有人住在其他縣市的時候，每年的掃墓只是聚餐見面的活動，掃墓只是個名目而已，所以當有人說有事不參加也無所謂了。

再後來男丁們都覺得路途遙遠，掃墓變成了費時間又耗體力的事，只是礙於母親的監督他們不得不做，可是想到母親百年之後可能又是另一個祭拜區，便有意無意間探詢母親的口氣，因為母親一直是希望土葬的，可是以現在的生態環境，土葬幾乎是不可能的條件，以致每次聊天都沒有結論，因為誰都不想觸碰這個敏感話題。

我大弟意外死亡的時候，因為他沒有妻小，以後當然也不會有人祭拜，所以我們將他樹葬，後來母親去世的時候，衡量條件我還是決定選擇樹葬，原因是我們這輩都老了，以前每年替父親掃墓的時候那些男丁之敷衍和簡化，都是很公式化的應付，孫輩的參與感更低，以後想指望更年輕的一輩來祭拜怕是妄想，還不如選擇和大弟鄰近，乾脆一併樹葬。後來還將父親的骨骸開墓撿骨後火化，並從南部移送到台北，與母親及大弟同一園區以樹葬方式處理，如此他們地下相見也能做伴，先人已然歸去，後人如何追思就各隨心意了，只要他們在世時自覺做到無愧便可坦然心安。

至於我自己，從來不想身後再給家人增加麻煩，所以早在遺囑中交代不辦告別式、不晉塔、不立碑，火化後樹葬、花葬都可以，如果法令許可，即使撒在山林、樹叢間也無所謂，不占人間一丘土才能遨遊天地，誰最終不都是塵歸塵、土歸土？

3／善待 盡心就好

母親的晚年住在沒有結婚的小弟家中，同樣單身的大弟本來也與他們同住，後來他意外往生後，中風癱瘓的母親，全由外勞照顧，平日小弟上班後便只有母親與外勞在家，遇到她要去醫院回診的時候，我就必須過去幫忙，不然外勞一個人搞不定，其他家人因為住得遠，所以只有逢年過節或特殊的日子才會出現，每次都是匆匆來去，有幾次母親住院，即使來探視也只是替個班，讓我和外勞回家洗個澡而已。

一直以來母親的生活開銷大都是由我支付，包括外勞的工資和每次母親的住院費用，不知為何，好像我付帳已經成了大家默認的慣例，其他人從不過問也不主動表示要分擔，包括屋主弟弟也認為我照顧的是母親並不是他，反正一個家就是這樣，有誰看不下去愛管事的就會主動出手，要出錢的時候看誰忍不住就誰出，既然愛管又愛花，久了就成了那個人的責任，包括掏出的買菜錢、買日用品的錢、衛生紙錢、修水管的錢、換燈泡的錢……這麼瑣碎的開銷找誰認帳？外勞是我要找的，費用也當然我要負責，另外換冷氣、換抽油煙機、換管線、修壁癌，每次大家見面，只要不談錢都皆大歡喜，如果要算帳就面面相覷了。幸好我那些年還在職場有收入，幸好那麼多年我都有能力讓他們有求必應，幸好母親的最後幾年我盡過心，讓自己不留遺憾，幸好我是母親走後才退休的，否則一年二十幾萬的墊付，換成現在有心也無力，不知是他們的福氣還是我的運氣？

母親走後，我仍然每星期用一天時間去小弟家幫他處理家務、準備伙食，因為他沒有結婚，如今只剩一個人的生活，有點無法自理，其實以前即使有外勞，我也是每星期固定去幫他們處理的，因為外勞做的口味他們吃不慣，所以這種例行工作已經成為我的固定行程了。

以前可以說是照顧母親，他不付錢好像理所應當，但母親離開後，他的生活開銷依然由我負擔就不知該怎麼說了，他的理由是因為他將退休金全部付清了房貸，只因為不想退休後還有房貸負擔，所以手上存款不多，可是他又回聘工作，是有收入的，卻不願支付自己的生活開銷，所以我只能繼續當「扶弟魔」。

買菜、做飯、他家的小額開銷都是我掏錢，看起來好像我不過是請他吃飯而已，只是順手付些小錢而已，可是他好像不知道買菜是要花錢的，而他家的用品添購也是我自己要付的，還要跟他算就太計較了，他忘了我已經是退休老人，所以除非我敢對他斷炊、敢不再參與他的生活，但是我做不出手。

就把自己當義工吧，做的都是義工的義務勞動，退休後不是有很多朋友都到不同的單位去當義工、志工，打發閒多餘的時間嗎？我只不過選擇了一個熟悉的環境，延續多年來一貫的付出而已。

有一次，聽他跟去他家探望的親戚說，客廳音響上的保護套親戚問他在哪買的，很好看、尺寸又合，真好，他說就只是買塊布、找個人隨便車一下就好了，便宜東西，其實那塊布是我挑的、我買的、我找人車的，一共花了三千多，不知道在他眼裡三千多是不是很便宜。

有時候最難計較的是跟你最熟的人，最不能談錢的是親人，每次看似不多的小錢，受惠的往往不知道小錢累積的總額也是負擔，只要觸及敏感討論都是準備撕破臉的前奏，我不知道還有能力幫多久，只能盡力吧。

4／昨日已遠

跟幾位交往多年的老朋友吃飯，每次聊著聊著，其中一位認識最久的老大姊都要舊事重提，數落我年輕時候的糗事，甚麼扯著大嗓門跟主管吵架啦、每次吃自助餐都跟老闆要滷湯拌飯啦、走路總像小跑似的好像在趕時間，有一次還從樓梯滑下去，直接從二樓滾到一樓啦……都說老人的記性差，才做過的事、見過的人、說過的話轉身就忘，偏偏對陳年往事都記得清清楚楚，連別人的事也能一提再提，都忘了自己說過幾遍了。

時間像篩子，篩掉了似水年華，篩落了歲月的流沙，即便有細碎的金子也從撈起的指尖中滑落無從撿拾了，剩下的粗石砂礫是鋪墊餘生的腳底砂石。

曾經有過的美好都過去了，許多難過的煎熬也過了，當往事一頁頁的翻篇，年歲一輪輪的疊加，何苦讓不愉快的往事用回憶反覆的啃蝕眼前的靜好，那段從無到有的拚搏，讓我驕傲自己努力過，雖然辛苦但也得到過淚水換來的各種收穫，擁有的都是自己坦然而踏實的成果，所有得到的和失去的都是最好的安排。再回首，原來：

盧山煙雨浙江潮　未到千般恨不消

到得還來別無事　盧山煙雨浙江潮

5／夕陽無限好

一位嫁給富豪的名女人在富豪丈夫去世後，開始環遊世界，憑她手上的財富，可以去任何她想去的世界各地旅遊，享受最頂級的食宿，以前她總是陪著丈夫到國外很多地方處理生意上的各種業務，即使搭著私人飛機也只是為了工作，如今她的每一趟飛行都是去不同景點的旅遊，沒有應酬、無須趕場、不用擔心事業上的各種問題，奔走了大半生，如今才有真正屬於自己的時間、瀏覽所有自己想看的美景。

她原是富豪的三房，雖然家族接納，但沒有兒女，富豪死後她等同被掃地出門，如今行動自由、無牽無掛，本來長年居住在國外，後來回到台灣居住，但是她沒有買房，而是住在五星級酒店的頂級客房中。

室內格局跟一個小家一樣，每天有人收拾打掃，吃飯有不同的餐廳可以變換口味，出門照樣可以預約豪車接送，如果買豪宅還要付各種費用、僱管家佣人、房子要裝修保養，算算住酒店的開銷反而划算，而且長期租住還有折扣，住膩了就換另一家再住，以她手上擁有的錢，住到死都不用擔心吃住的問題，人老了最大的問題不就是吃和住嗎？這問題都解決了，其他的就都不是問題了。

有錢真好，這是她給我的感慨，可是有幾個老人能有她的財力？也許她有她不足為外人道的煩惱，沒有錢的人也有各自的苦惱吧？就看用甚麼心態去看待自己的人生，有錢有有錢的過法，沒錢有沒錢的活法。雖然錯過了青春可以蹦達的時光，就在暮年的餘光中優雅從容的老去，蛻變掉年輕的衝勁，用自信和淡定找補，不必追憶似水年華的各種遺憾，不如務實的珍惜眼前能把握的流光歲月。

老本、老伴、老友絕對是老人最重要的護身符，三者之中，老伴有可能先你而去，老友只是說話遊玩的伴侶，最重要的還是老本。別信那些告訴您：有錢就盡量花，能吃盡量吃、能喝盡量喝、把錢花光不要留錢給子孫，也不要存錢，免得錢在銀行人在天堂。

如果說人死了、錢沒花完很可惜，但如果錢花完了人還沒死更可怕吧？對多數老人來說，錢是第二生命，有它在手才活得有尊嚴。

不用羨慕別人的有，也不必怨嘆自己沒有，一路走來誰都看過美景，誰也都受過風雨，能活到老還是應該知足的，得不到是因為不該、不配、不應擁有，得到是本就屬於您的，任何懊惱、追悔都不會減輕所有做過的憾事，有過的幸運，福報只是生命旅程上的一個逗點，老了，就心平氣和地看待生活的花開花落，即使已經無力張揚，也不必低眉順眼在餘生將就。

現在的老人光從服飾儀容和行動的俐落與否，未必看得準年齡，只要掇拾得乾淨整齊還是可親的，別說甚麼皺紋是智慧的象徵，白髮是歷練的標誌，這種自我感覺良好不過是老人的矯情罷了。退了休的人最寬裕的就是時間，每天可以把生活安排得依舊忙碌充實，穿梭在各種不同的活動中，也可以閒雲野鶴雲淡風清，老不老是心態，日子怎麼過是心情。

每次聚會場上抬眼可見的白髮，即便是滿頭烏絲也都是新染的髮鬢，臉上藏不住的皺紋、兩頰下垂的腮邊贅肉、若隱若現的老人斑、脖子上發皺的頸褶，都是掩不住的老態，聊的都是吃甚麼養生、做甚麼運動保健、滿口假牙的呵呵笑聲中，飄起的白髮像被風吹動的蘆花。

不需再為生活奔走，也不需再為家務忙碌，老人的日子有的是空閒，適當的運動、隨心所欲不逾矩的物質享受，不求長壽但要健康，讓自己舒心就是讓家人安心，遊山玩水衡量自己的體力，吃喝玩樂開心就好，隨興隨緣就是最從容的生活態度，我們追不上旭日東昇的朝陽，但我們可以漫步欣賞晚霞滿天的燦爛。

任憑曾經達官顯要、豪門巨富，老了一樣得向病痛彎腰，俊男美女、絕世佳人，在歲月之前照樣失色，人間白頭是上天公平的撫慰。

有一副對聯寫得好：

享清福不在為官　只要囊有錢　倉有米　腹有詩書　便是山中宰相

祈壽年無須服藥　但願身無病　心無憂　門無債主　可為地上神仙

橫批是：**天天開心**

我們這一輩是辛苦的，也是幸運的。我們都經過篳路藍縷、物質窮困的少年時光，卻都有明天會更好的信心，願意用辛勤努力奮發上進的行動，去換取自己的成就，迎來物阜民豐的太平盛世，百年無戰事是多麼幸福的生命旅程，我們看不到百年之後的世代更替，我們後代的興衰成敗自有他們要承擔的使命，豔陽後的彩霞滿天宛如老人揮灑的綺麗彩帶，一如旭日初升時霞光萬丈的光芒是年輕人手中奮起的揚鞭。

後記——做個不麻煩的老人

當老人社會逐漸形成，也當自己成為老人的一員後，對於老人的各種思維和作為更能感同身受的理解，於是書寫老人一直是我最想寫的題材，無論是分享自己的經驗，還是轉述別人的故事，都能讓更多人認識、理解老人的各種言行和思想，因為現在的年輕人有一天也會成為老人。

七年前我寫過一本《做個不麻煩的老人》，覺得還有很多可以補充的老人話題，剛好主編有意再版這本書，希望我能增加一些新的文字，也許是想表達的內容太多，也許是經過這麼多年的沉澱後，對於許多人事物又有新的想法和看法，如果只是刪減或增補原文，我不覺得有錦上添花的效果，所以我決定重寫，用新的內容來詮釋不同的心得。

我用了整個冬天去梳理這本醞釀很久的故事內容，在那段歷年來罕見嚴寒的冬天裡，非常努力地想一吐為快地奮力書寫，正想得意地可以在主編催稿時，豪氣的回答馬上可以交稿時，竟然發生了這輩子最慘痛的失誤！由於電腦操作的草率，一個錯誤的按鍵，讓我已經可以完稿的內文瞬間消失，更致命的是我完全沒有第二個存檔，因此一陣瘋狂檢視後，想當然還是找不到半點蛛絲馬跡，於是第一時間趕快送修電腦，請專業人員搶救，漫長的等待，從祈禱奇蹟出現到被告知確定無能為力，心情就像從極度緊繃到跌落谷底，那種瞬間歸零一無所有的潰敗，只覺得腦子一片空白，連哭的心力都沒有。

連續幾天，除了例行的家務照常之外，所有跟書稿有關的事一點也不想觸碰，就連送回來的電腦也不想開啟。

但是，問題不會因為我不想、不做就不存在，這個年齡段的理智也不允許我就此擺爛，諷刺的是寫稿期間陰冷濕雨的天氣竟然在我稿子消失後陽光普照、天氣晴朗、風和日麗，也許是天意、也許是考驗吧，既然已經是這樣的結局我還要糾結也太折磨自己了，因此跟朋友出去吃喝玩樂了一天，然後放鬆休息、天天睡飽，一週後從新收拾心情，開始重寫。

幸好記憶還有餘溫，幸好還不至癡呆，幸好大綱目錄還在，可是寫著寫著，卻發現各段情節已經不是曾經寫過的原來樣貌了，不同時間、不同心情的感悟還是會不同的。

我應該感謝上次失誤造成的遺失，才能讓我可以重來，也許是老天要我稍安勿躁，冷靜反省、去看出上一篇的不足、不好，才讓我要用重寫去修正各種偏頗疏失的觀點，這種打破重煉的決絕，才可以更周全的思考和檢視，才能寫出內心更真實的認知，如此浴火重生的新作品，承載的是對歲月的感懷，對失誤的省思，和對固執的寬宥。

重寫也許不是最好的，但會是最精彩的。

悅讀健康 HD3213

老後的時光要精彩

作　　者／梁瓊白
選　　書／林小鈴
主　　編／潘玉女

行銷經理／王維君
業務經理／羅越華
總 編 輯／林小鈴
發 行 人／何飛鵬
出　　版／原水文化
台北市南港區昆陽街 16 號 4 樓
電話：（02）2500-7008　　傳真：（02）2500-7579
E-mail：H2O@cite.com.tw FB：原水健康相談室
發　　行／英屬蓋曼群島商家庭傳媒股份有限公司城邦分公司
台北市南港區昆陽街 16 號 8 樓
書虫客服服務專線：02-25007718；25007719
24 小時傳真專線：02-25001990；25001991
服務時間：週一至週五上午 09:30 ～ 12:00；下午 13:30 ～ 17:00
讀者服務信箱：service@readingclub.com.tw
劃撥帳號／ 19863813；戶名：書虫股份有限公司
香港發行／城邦（香港）出版集團有限公司
香港九龍土瓜灣土瓜灣道 86 號順聯工業大廈 6 樓 A 室
電話：(852)2508-6231　傳真：(852)2578-9337
電郵：hkcite@biznetvigator.com
馬新發行／城邦（馬新）出版集團
41, Jalan Radin Anum, Bandar Baru Sri Petaling,
57000 Kuala Lumpur, Malaysia.
電話：(603) 90563833　傳真：(603) 90576622
電郵：services@cite.my

美術設計／劉麗雪
製版印刷／卡樂彩色製版印刷有限公司
初　　版／ 2025 年 8 月 14 日
定　　價／ 380 元（紙本書） 270 元（電子書）

ISBN: 978-626-7521-69-4 (平裝)
ISBN: 978-626-7521-68-7 (EPUB)

國家圖書館出版品預行編目 (CIP) 資料

老後的時光要精彩 / 梁瓊白著 . -- 初版 . -- 臺北市 : 原水文化出版 : 英屬蓋曼群島商家庭傳媒股份有限公司城邦分公司發行 , 2025.08
面；　公分 . -- (悅讀健康 ; HD3213)
ISBN 978-626-7521-69-4(平裝)
1.CST: 老人學 2.CST: 生活指導
544.8　　114005955